ミドリさんとカラクリ屋敷

鈴木　遥

集英社文庫

潮の香り漂う湘南《しょうなん》の街に、
屋根から電信柱の突き出た〝不思議な家〟が凛《りん》とそびえ立っている。
重厚な門の先に、赤い太鼓橋の架かる広い庭。
その向こうには、東北地方の民家を連想させる大きなお屋敷。
絵心に富んだ繊細な建築意匠に思わず目をみはってしまう。
この「電信柱の突き出た家」は
一軒の中に六世帯が暮らすユニークな共同住宅であり、
日々、実にさまざまな人間模様が繰り広げられている。
家主のお婆《ばあ》さんは、しゃきりとこう言う。

「建築が好き。この家はすべて自分で設計して建てた」
「電信柱を中央に建てるのが一番丈夫なつくり。
地震や台風がきても倒れない」
「北海道で暮らした家には回転扉があって、
忍者屋敷みたいな〝からくり〟がたくさんあった」
――なんだか謎《なぞ》が多すぎる。
私は、この家とお婆さんにすっかり興味をそそられ、
そこに潜む秘密を探りたい一心で、
いつしかこの家へと通いはじめるようになった……。

ミドリさんと
カラクリ屋敷

目次

ミドリさんとカラクリ屋敷

プロローグ

すべては電信柱からはじまった

東海道の宿場町だった神奈川県平塚市《ひらつか》は、今ではその面影もすっかり薄れて、湘南の閑静な住宅街へと変容している。

平成十一年のある昼さがりのことだった。当時高校生だった私は、海の近くの住宅街で自転車を走らせていると、電信柱が一本、通りの先の妙な位置に立っていることに、ふと気づいた。そのまま電信柱を目で追っていき、舞台の幕開けを彷彿《ほうふつ》させるかのように徐々に視界に現れたのが、屋根から電信柱の突き出たこのおかしな家だった。

家紋を施した門に覆いかぶさる松の木と、庭を埋め尽くした木々の向こうに、屋根が複雑に重なり合った大きな家がどしりと腰を据えている。

青い瓦屋根に黄色い扇模様の棟飾り、クリーム色とこげ茶色を基調とした二階に連なる大胆でシンプルな木の欄干、すべて模様の違う木製の戸袋《とぶくろ》や松竹梅の装飾を施した窓の鉄柵《てっさく》……。大きな日本家屋であることといい、洗練された美しい外観といい、どこに目をやっても見る者をあっと思わせる独特の存在感が漂っていた。

しかし、このときの衝撃は、屋根のど真ん中からコンクリート製の電信柱が天に向かって突き出ていることを抜きには語れない。

――どうして、屋根から電信柱が突き出ているのだろう。

この家は、私の考える常識からあまりにも逸脱していた。伝統を重んじているようにも見えるのに、どこか自由気ままでとてつもなく斬新《ざんしん》なことをさらりとやってのけているような独特のセンス。それでいて全体を見渡すと、日本庭園のような庭とその背後の建物が見事なまでに溶け込み、一つの世界として絶妙に成り立っている。

家全体の建築センスが卓越しているだけに、屋根から突き出た電信柱とのコントラストが余計におかしく、強烈なインパクトとなって、私の目に勢いよく飛び込んできた。それはビリビリと体の中に電流が走るような、〝電撃〟とでも言うべき運命的な出合いとなった。

私の育った宿場町平塚は、日本の火薬製造の基地という、あまり知られていないもう一つの重要な側面があった。日露戦争をきっかけに、平塚は海軍の火薬工場などの軍事施設が町の広範囲を占めるようになり、太平洋戦争がはじまると空爆の標的になった。昭和二十年七月に町は焼け野原と化している。

古びた木造住宅がまるで文化財でもあるかのように物珍しいこの街で、私はここが宿場町とは知ることもなく、火薬工場の跡地を生活圏に幼少期を過ごしてきた。

そういった日常の風景に物足りなさを感じていた頃、文化圏の異なる線路の向こう側で遭遇した「電信柱の突き出た家」という謎めいた存在は、想像の範疇《はんちゅう》をはるかに超えた奇抜な風景として強烈に脳裏に刻まれ、その気になればいつでも見に行ける距離感ともあいまって、私の中でより存在価値を高めていった。

一年以上が経過して、何度も繰り返しこの家を見に行くうちに、この屋根の下でいったいどんな人が暮らしているのだろうと、興味が膨らんでいった。

高校を卒業したら地元を離れることになっていた私は、あと残りわずかというときになって、とうとう門をくぐって住人を訪ねる決心をした。

重厚な門をくぐると、庭を通して見る景色は格別だった。縁側から出てきた男性に「この家が好きで話が聞きたい」との旨を伝えると、「それなら婆さんだ」と言って、赤い太鼓橋を渡った先の部屋まで〝婆さん〟という人を呼びに行ってくれた。息子さんだと思い込んでいたら、彼がまったくの他人であることをあとから知った。

長屋式にそれぞれ玄関が分かれていて、大きな一軒家にいろいろな人が生活している。壁で仕切られてはいるが、信頼関係があることが感じられた。この男性はのちに、数奇な運命をたどることになるのだが、もちろんこのときは想像もできなかった。

男性に呼ばれて出てきたのは、しゃきしゃきとものを言う元気なお婆さんだった。サバサバした性格のようで、知らない人が来たからといって、相手を警戒するような様子は微塵《みじん》もない。こちらから話を振るまでもなく、進んで話をしてくれた。

彼女は小さい頃から大工が家を建てるのを見るのが好きで、建築現場に一日中座り込んで家が建つのを眺めながら幼少期を過ごしたという。小学校を卒業しただけで建築の専門教育は一切受けていないのに、見て聞いて建築の知識を身につけていた。この好奇心が、自分で設計して家を建てることへと膨らんでいく。

彼女は家の説明だけで延々と話ができてしまうほど、この家の何もかもを知り尽くしていた。玄関の鴨居《かもい》にはじまって、個々のつくりやこだわりなど、「これはどこ産の何々の材木、これは何々で……」と細かいところまですらすらと説明していく。建築の知識がまったくない高校生の私には理解できなかったが、とにかく「このお婆さんは建築に詳しくて、この家のことを何でも知っている」ということだけは、話しぶりからしっかりと伝わってきた。

建物の中に電信柱を収めてしまうこの家の個性は、どうやらお婆さんの人生と深く関わっているようだということに気づくのに、さほど時間はいらなかった。「電信柱の突き出た家」を建てたお婆さん。このエネルギッシュな老人との出会いは、平凡な日々の中で私の心の中にしっかりと刻み込まれた。

別れ際、「あんた、そんなに建築好きなら建築家になりなさい」と、お婆さんは初対面の私に言った。短時間のうちに人の適性を見抜く感性と、誰にでも思ったことをずばっと言ってのける物怖《ものお》じしない性格が滲《にじ》み出ていた。

建築家になるつもりはないけれど、数日後、私は大好きな古い町並みの勉強をするために京都へと向かった。

ある酒席でのことだった。風呂なし、トイレ・台所共同の古いアパートに住んでいる友人たちと、自分たちの家について話しはじめ、珍しい間取《まど》りの話へと発展しつつあった。そのときに、「電信柱の突き出た家」のことを突然思い出し、話をしてみた。京都での暮らしにも慣れて、「日本家屋」はすっかり日常風景の一部になっていたにもかかわらず、建築好きなお婆さんとあの家は、私にとって単なる日本家屋とは異なる特別な存在であることに変わりはなかった。

個人的には好きな家でも、そんなに盛り上がる話とは思っていなかったのに、意外にもこの話に友人たちは興味を持ち、笑い転げて聞いてくれた。酒の席とはいえ、お婆さんの家はこんなに多くの人が共感するほどの魅力があるということを、そのときあらためて実感することができたのだった。

今ならお婆さんにはじめて会ったときよりは、家の建築的な説明をきちんと理解できる自信がある。この話をもっと詳しく知りたがっている友人たちに背中を押され、お婆さんが高齢で残された時間はあとわずかという焦りもあり、なんとしてでも話を聞きに行く時間をつくることにした。――お婆さんと出会ってから三年が経過していた。

平成十六年。東北地方に行った帰りに一日だけ平塚に立ち寄って、「電信柱の突き出た家」を訪ねてみることにした。会う前に写真撮影がしたかったので、まずは午前中にカメラを持って家に向かった。前日までいた東北の、なんともいえないにおいがこの家にはあった。

お婆さんの部屋からはテレビの音が聞こえ、まだここで暮らしていることが分かった。このとき、家の前に車をとめて車内から家をずっと眺めている男性がいたのだが、仕事か何かの休憩中なのだと思っただけで、私は気にも留めずに通り過ぎた。

午後になって久々の訪問をすると、お婆さんは孫にあげるための古い写真を整理しているところだった。数年前にお会いしたこと、話が聞きたいことを伝えると、「残念だけど、今日は予定が入っていて忙しいから話ができない」と言う。ほんの少しでもとお願いして、話を聞くことができた。

彼女の名前は、木村ミドリという。名字ではなくて下の名前で呼ぶようにと言われているので〝ミドリさん〟と呼ぶことにする。

ミドリさんは自分で設計して建てた家なので、この家のことはすべて頭の中にインプットされていて、いちいち考えるまでもなく流れるように、すらすらとしゃべる。耳も非常によく、口調もスムーズで、身体に悪いところは見あたらない。「頭の回転がすこぶる速くて老人離れしたお年寄り」という初対面のときのイメージは、あれからさらに歳を重ねたそのときもまったく変わらなかった。自分の家について、ここまで深く自信をもって語れる人は珍しいと思う。ほんの数分間だったけれど、濃い内容だった。

話が軌道に乗りかけたところで、二人の男性が家の中へ入って来た。午前中に私が写真撮影に来たときに、家の前に車をとめていた人である。それまで車の中でじっとしていたのだろうか、どういうわけか今ごろになって家の中へと入って来た。この男性の「木村さん、行きますよ」の一言で、ミドリさんとの話は打ち切りになってしまった。どうやら、今日は忙しいと言っていたのは、この男性二人との用事らしい。

そこへ中年の女性が不意をつくかのように、天と地をひっくり返すような勢いで怒鳴り込んできた。ミドリさんが暮らしている部屋の二階部分にあるアパート「みどり荘」の住人である。一軒家に組み込まれていながら、二階の右半分だけが「みどり荘」なのだ。彼女は、男性二人が家に入って来るのを見計らっていたらしかった。

私が状況をのみ込む間もなく、突然ミドリさんと中年女性との激しい言い争いがはじまった。何が起きたのかはさっぱり分からないけれど、めったにお目にかかれない修羅場に私は居合わせてしまったらしい。ミドリさんの用事というのは、どうやら何かのトラブルに関する対策をとるためのものらしかった。二人の男性は、その件でやって来た配管工事会社の人だったのである。

件《くだん》のみどり荘の住人が、ミドリさんにまくし立てる。

「この前だって言いに来たのに誰もいなかったじゃない！」

ミドリさんも、ひるむ様子がない。

「その日はずっと家にいたよ」

「じゃあ、居留守使ってたんだ。何度も『木村さん』って呼んだけど返事がなかった。都合の悪いときだけ、いないふりして！」

「こっちだって九十一（歳）なんだから、気づかないときくらいあるよ。来たのが分かれば、こっちだって対応するさ」

ミドリさんがすでに九十一歳になっていることをはじめて知って、私は不意打ちをくらった。

「こんなしゃきしゃきしてて、年齢なんて関係ないじゃない。耳、いいくせに。さっきのだってちゃんと聞こえてたでしょ？」

両者一歩も譲らぬ迫力あふれるバトルを繰り広げながら、二人はすたすたとアパートのほうへと消えて行った。機敏な動きといい、滑舌のいいトークといい、とても九十一歳の姿ではなかった。

漫画のコマから飛び出て来たかのような見事なまでに口達者でキャラの立った二人の姿が見えなくなると、植物で埋め尽くされたこの庭は、またいつもどおりの穏やかな空間へと戻っていった。すると、配管工事会社の男性が事情を説明してくれた。

ミドリさんは家の裏側にある二階のアパートの廊下に洗濯機を置いている。ところが排水管が詰まってしまい、洗濯した汚水をすべてアパートの雨樋《あまどい》に流し続けているという。その水がアパートの部屋の中に入ってきて、住人はかんかんに怒っている。それでミドリさんのところに怒鳴り込んだわけだが、ミドリさんにも言い分があるらしく、言い争いになった。

ミドリさんと、みどり荘の住人の壮絶なバトル。それもみどり荘の住人が大家のミドリさんに向かって、対等にものを言っている。ミドリさんの名前を冠した「みどり荘」に住んでいるというのに、その関係性がここではまったく通用していないのだ。

これから配管工事会社の人が間に入って、排水路をどう変えるか決めるという。男性二人はデイサービスの人と勘違いするくらいに木村家に通い慣れているようで、親近感があり、温厚な人たちという印象である。うまい具合に穏やかに、激しいバトルの中にすーっと入っていって口を挟む術《すべ》を身につけている。

トラブルのいきさつを聞いた後、建物の話になった。私は「家全体も大きくて立派だけど、電信柱が屋根から突き出ているのがすごいですよね」と、さりげなく男性に同意を求めたつもりだった。ところが男性は、その瞬間「あっ、本当だ」と驚いた顔をした。今まで何度もこの家に来ているのに、まったく気づかなかったという。

男性は今はじめて見るかのように電信柱に驚いているが、私は、すっかりこの家になじんでいそうな男性が電信柱の存在を知らなかったということに驚いた。「えっ?」。今まで、この人は何を見ていたのだろう。いつも私は、電信柱を目印にこの家に向かうというのに。これだけインパクトのある建物なのに、この家の電信柱は特定の人にしか見えないように魔法がかけられているのだろうか。

帰り際、配管工事会社の男性は「調査、頑張ってください」と私に言った。私は調査をしに来たなんて一言も言っていないのに、取材をしているように見えたらしい。

何はともあれこの日を境に、断続的ではありながら、私はできる限りミドリさんのもとを訪ねるようになり、家の魔力に深く深くはまっていった。

あのバトルを繰り広げた二人の関係は、たぶんうまくいっている。一年後、「お母さーん」と言いながらミドリさんの部屋に入って来て家賃を払い、ピンクが好きという話でミドリさんと盛り上がる、まさしくあのときの住人を私は目撃している。

第一章

ミドリさんと坂の上の職人屋敷

❖ 移民が築いた村

木村ミドリさんは一九一三年十二月十日、北海道新潟村[*1]（現江別《えべつ》市）で生まれた。彼女は生年月日を聞かれた場合、一九一三年と西暦で答えることにしている。

「こう言うと、みんな『明治生まれですか、大正生まれですか』って。これが気にくわないから、一九一三年と答えてやるの」

ミドリさんはいじわるそうに、自分では絶対に元号を教えてやらないのだと言った。

私は、百五歳を筆頭に多くのお年寄りと親しくしているから、九十歳代の人が生まれた年代には意外と詳しい。何歳からが大正生まれなのかも、だいたい見当がついている。正解は大正二年の生まれである。こうして、最初の関門は自然に乗り越えたことになる。

彼女が生まれ育ったという、北海道新潟村。この村を説明するには、まず北海道の歴史を説明する必要がある。江戸時代まで北海道は蝦夷地《えぞち》といわれ、先住民族であるアイヌのほかに、内地（日本国内）から漁業などを通じて和人（日本人）が移り住むようになっていた。蝦夷地には原生林が広がり、土地の狭い内地とは対照的に、開拓できそうな土地が山ほどあった。

明治二年、政府は北海道の本格的な開拓に乗り出すことになり、内地から開拓者を募集した。北海道開拓団として、その呼びかけに乗ったのは主に、貧しい農民や明治維新によって職を失った武士たちだった。彼らは農業や屯田兵《とんでんへい》（農業を兼務する兵士）になることを目的として、全国各地から土地を求めて集団で北海道へと海を渡った。これにともない道路や鉄道工事、炭鉱労働のために、いわゆる罪人たちも多く海を渡ったという。

明治十九年に北海道庁が置かれて開拓事業が進むと、入植者の数は一気に増えた。土地があるとはいえ、寒さが厳しい北海道という慣れない土地で、人々は原生林を伐《き》り開くところから生活を築いていった。

ミドリさんの父、一太郎は明治十九年、母ソヨは明治二十一年に、それぞれ新潟県で生まれた。母の旧姓は武田といい、武士の家系だったようだが、明治維新を迎えてからは農業に徹していた。

明治二十三年、母が二歳のときに、武田家は新潟県から北海道へと海を渡った。新潟県民の生活救済を事業目的とした北越《ほくえつ》殖民社による、北海道開拓の集団移住だった。新潟村をつくった最初の移民は数世帯で小規模な開拓だったのに対し、この明治二十三年の集団移住は規模が大きく、広大な土地の開拓に着手した。「カネのなる木がたくさんある」と聞いて武田家は移住を決断したものの、働かなければお金にはならない。がむしゃらに働いて、新潟村での生活を軌道に乗せた。

生活苦で新潟へ戻る者もいれば、移住してくる新潟県民もまた後を絶たない。生きるか死ぬかの瀬戸際を繰り返す状況下で、武田家はいつしか資産家として頭角を現すようになっていった。一方、木村家の北海道移住は武田家の十五年後、父の一太郎が十九歳のときだった。二人は結婚して母は父方姓の木村になったが、実権は母方が握っていたようだ。

新潟村は新潟県民が集まってつくった村だから、新潟村という。近くを通る鉄道線路の向こう側は屯田兵が集まってつくった村だから、屯田兵村といった。こうやって故郷や目的を共にした者同士で土地を開拓し、村はつくられた。

新潟村の隣り村である広島村は、広島県から十八世帯（十九人）が移り住み、開拓した村だった。明治二十三年五月二十四日に村がつくられたという意味合いの歌詞を持つ広島村の歌が残っていたから、ミドリさんは新潟村の開拓時を知らなくても、広島村のことは歌で知っていた。

こんなエピソードが残っている。広島村の村長は仕事のできる人で、年貢も平等にしてうまく村をまとめていた。住民も努力して、金持ちの多い村へと成長した。しかし村長は、字が読めない。「読めないのに新聞を読むふりをする」というのは、隣り村のミドリさんでさえも知る、語り草となっていた。

ある日、村長は新聞をさかさまに持って読んでいた。役場の人が村長に、いたずら心で尋ねた。

「何か変わったことはありますか」

すると、村長はこう答えたという。

「それ相応のことが書いてある」

コントで使われそうなエピソードだ。

貧しさから脱するために希望を胸に海を渡った開拓者たちだが、村長だろうと、字が読めないのは珍しいことではなかったようだ。

北海道で生活していても、村内は出身地別に集まった同郷の人間である。新潟村は「根性が良く、バカ稼ぎする村民性」。広島村は「こつこつ働いて、お金を残す村民性」。ミドリさんからすると村ごとに、こういった村民性（もとをたどれば県民性）がよく出ていたという。

❖ 職人テーマパークで暮らす

新潟村は、一番組から七番組まで、坂の下から上へ向かって七つの集落が続いていた。坂の一番上の七番組を越えると広島村へと続く。

武田家の本家は坂の上のほうの六番組で、木村家はさらに坂を上った七番組に家を建てて暮らしていた。故郷新潟での出身地ごとに居住区が決められていたものの、七番組は村内でも裕福な家が多く集まっていたという。

道で木村家や武田家の場所を尋ねられたとき、誰もが必ず口にする決まり文句があった。

「木村さんのお宅はどこですかと聞かれたら『坂の上の真っ白で大きな家』。武田さんのお宅はどこですかと聞かれたら『坂の上の柱ばかりの大きな家』。それさえ言えば、みんな迷わずたどり着けた」

と、ミドリさんは言う。まさしく、その言葉どおりの家だった。

木村家の外観は、柱と壁をすべて白漆喰《しろしっくい》で塗り込めた〝大壁《おおかべ》造り〟。だから、見たまんま「真っ白な家」だった。武田家の外観は、柱が一尺（約三十センチ）おきにくまなく配置されていて、柱と柱の間を白漆喰で塗り込めた〝真壁《しんかべ》造り〟。だから一尺おきの柱がやたらと強調されて、まさしく「柱の家」だった。両家ともどこで建築の知識を身につけたのか、一族揃《そろ》って建築の才に長《た》けていたという。

七番組で暮らす木村家は、家も大きければ土地もひときわ広かった。それも、敷地内は「真っ白で大きな」自宅のほかに、唐紙屋、漆喰屋、大工などの職人の家が立ち並び、ボイラー（給湯設備）をそなえた木工所、精米所、かまど、米蔵や衣装蔵まで立ち並んでいた。だから親族のほかに、敷地内には職人とその家族二十人ほどが生活していた。

ミドリさんの父は職人たちを大勢雇い入れて土地を貸し、それぞれに自分の家を建てさせていた。木材だけを提供し、あとは自由に家を造ってもらう。自分の土地に職人が揃っていれば、何かと便利だからというのが父の考えだったという。

「家の中が一つの集落のようだった」とミドリさんは当時の暮らしを振り返る。農民を集めて耕作してもらうわけでもなく、商人を呼んでお店を開いてもらうわけでもなく、ただ職人を集める。この一家はそれだけ尋常ならぬ建築へのこだわりを持っていたのだとミドリさんは言うが、それにしてもつかみきれないところがある。たとえ財を成していたとしても、そのお金で職人を集めるほど建築にこだわる家はそうあるものではない。

職人たちはいわば木村家の従業員だから、子供たちが遊んでいて何かを壊してしまったときでも、内緒でタダで修理してくれた。家に職人がいるのは子供たちにとっても何かと便利で、それでいておもしろかった。

ミドリさんは、この職人集落での生活を思う存分に楽しんだ。大工が家を建てることがあれば、朝から晩までじっと観察した。すべての過程を見ているから、家はどのようにして造るのか、誰に教えてもらうわけでもなく、自然と分かってくる。家を建てているのを見るのは楽しくて、飽きることがなかった。

ミドリさんは日頃、親に厳しく言われていたことがある。

「漆《うるし》はかぶれるから、漆喰屋は絶対に覗《のぞ》くな」

それでも子供心に興味本位で、ついつい漆喰職人の仕事を眺めてしまうことがある。漆喰屋は漆喰塗りだけでなく、家の骨組みに縄をつた巻きにする作業も担っていた。

ミドリさんは漆喰屋を覗くと必ずかぶれてしまい、「漆喰屋に行った」と言わなくても身体がもろにそれを伝えてしまって、すぐさま親にばれて叱られた。

叱られるだけではすまされない。

「罰として、そのまま豆腐屋まで揚げを買いに行かされて、かぶれた身体を揚げで拭かされた。その揚げは、焼いて醤油《しょうゆ》をかけて食べさせられた」

かぶれたら揚げで拭くのがよいと言われていたからで、それが木村家の教育方針だった。

忘れてはいけないことがもう一つ。木村家の敷地内にはなんと、小学校が存在していた。雪の降る中、子供たちを遠くの学校に通わせるのはかわいそうと、父は土地を寄贈して敷地内に小学校をつくらせたのだ。[*2]先生を二人連れてきて運営した。まだ小学校に通える子供さえ限られていたこの時代に、である。

父のやることは、とことん型破りだった。

❖建築の才能を持った父

木村家の敷地内に職人屋敷や小学校まであったのは、この父（加えて祖父）あってのことだろう。祖父はミドリさんが物心ついた頃にはすでに亡くなっていたのでほとんどミドリさんの記憶にはないものの、その血を受け継いだ父は、実に多くの逸話を生み出してきた。

明治四十四年八月に当時の東宮殿下（後の大正天皇）が北海道を行啓された。その中で、新潟村の背後にそびえる国有の野幌《のっぽろ》原生林へ行く予定が組み込まれていた。そこへ行くには、新潟村を通る川を渡って向かうことになる。東宮殿下が渡られるための橋を造る必要があった。

そこで、橋の設計・監督を引き受けることになったのが父だった。木村家の本職は農業で、さらに父は官林（原生林）の管理や用務の仕事を請け負っていたのだが、そんな一農民にすぎなかった父には建築の才能があった。大工でもなければ、建築の勉強をしたわけでもない。「どこで覚えたものか」とミドリさんは首をかしげる。橋自体は大工が造ったが、父は石の積み方までも細かく指示を出して、監督に余念がなかった。

橋は林行橋《りんこうばし》と名付けられた。東宮殿下がこの橋を渡られることを示唆するような名前でも付ければいいのに、どういうわけか〝林に行く〟橋というそのままのネーミングである。

父は子供の頃、新潟の家の近くを流れる信濃川が遊び場だった。だから川や海のことをよく分かっていて、釣りが上手だった。ミドリさんは十歳くらいのとき、二回ほど父の舟に乗せてもらったことがある。北海道に来てからも父は、自分で造った舟に乗って近くの川へよく釣りに行っていた。その影響でミドリさんは「魚は釣って食べるもの」だと思って育った。

父は製作だけでなく、考案の才能もあった。親戚中でものを分け合ったときに、控えめな父は木のくずを貰《もら》った。しかし、結果的にそれが一番儲《もう》かった。これがきっかけで、のこくずストーブを考案したのだ。画期的な発明だった。父が型を作らせて、ストーブ屋も儲かった。

「けど、ストーブ屋はストーブを二つくれただけで『さよなら』をして、そのままどこかへ行ってしまった」

ミドリさんの父が造った林行橋

と、ミドリさんは言う。

ミドリさんの言う「のこくず（別名おがくず）ストーブ」はその後、〝おがくず〟と〝木炭〟を合わせて〝おがたん〟と呼ばれ、石油ストーブが普及するまでストーブの燃料として北海道で愛された。

父は正直者で、「利益を懐に入れずみんなに配る人」だったから、村民みんなからの信頼が厚かった。父のことは絶対で、木村家は何をやっても許されてしまう。

「原生林の大木を伐って焚《た》き木《ぎ》にしてもかまわない」

ミドリさんは自慢げにこう言った。

相手の主張を受け入れ、物事を平和に収めようとする父の性格は、以下の話からもうかがえる。

木村家と隣の家の土地は、側溝（水路）によって隔てられていた。側溝を造るときに、掘った土はどちらかの家の端に盛らなければならない。一般的には右利きが多いので、作業員にとって左側の家に土を盛るのが妥当である。しかし左側にあたる隣の家は、自分の土地に土を盛られるのが許せなくて「こっちに土をあげるな」と抗議した。そこで父は、「じゃあ、うちに土をあげろ」と作業員に言った。こうして、事は丸く収まった。

その後、大雪になった。三月の雪解けで山から大量の水が流れてくる。木村家は側溝の横に盛られた土のおかげで何の被害もなかったが、隣の家は雪解け水によって崩壊してしまった。そして、家三軒がすっぽり収まってしまうくらいの大きな穴があいた。土地を平らにするには大金がいる。しかも雪解け水による被害で土が不足し、三カ月間工事ができなかったという。

「人には逆らうもんじゃない」と、父は言っていたという。

❖ 二つの名前を持った兄

東宮殿下が北海道を行啓されたときに話を戻す。明治四十四年八月、北海道では東宮殿下の奉迎準備が着々と進められ、各地が歓迎ムードに包まれていた。滞在中の八月三十一日は東宮殿下の誕生日だった。そしてこの日、木村家に次男が誕生した。ミドリさんの兄である。

木村家の長男は、一番最初に生まれたことから名前を金一《きんいち》という。そして、次男は、次郎という名前になることが決まっていた。

それが翌日になって、事は急展開する。

新聞にはどういうわけか、前日に生まれた二人の子供が紹介されていて、「東宮殿下が悠《ヒロシ》・悠子《ユウコ》とご命名[*3]」と大きな見出しが付けられていた。

「悠久の悠でヒロシなんて読めたもんじゃない」

だから、名前には片仮名でルビがふられていたという。

両親は新聞を読んではじめて、我が子の名前が自分たちの付けようとしていた次郎ではなく、勝手に悠になっていることを知ったのだ。それは驚いたに違いない。

しかし、いくら東宮殿下が息子の名前を命名してくださったとはいえ、それを有難がって素直に受け入れるような運びには至らなかった。戸籍上の名前は悠になっても、自分たちで付けた名前は次郎だ。だから、家族も親戚もみんな次郎という名前で呼び通した。友人たちも次郎と呼んだ。

例外として、学校の先生は悠と呼ぶ。名簿が悠だからだ。先生が名簿を見ながら出席をとりはじめると、「俺《おれ》は悠じゃない」と言って兄は返事をしなかった。

「こうやって、他人の言うことに流されない、のんきな家族だった」

と、ミドリさんは言う。

ミドリさんは、兄の名前を次郎だと思い込んだまま大きくなった。そして、たまに悠という名前が会話の中に出てくると、自分の兄の名前とも知らずに「誰だろう」と首をかしげた。

木村家にはタロウという名前の飼い犬がいた。タロウとジロウは名前がそっくり。兄は犬と同じような名前を付けられていると、ミドリさんは密かに思っている。この家族の中にいて、次郎よりも悠のほうがセンスがあるという客観的な視点をミドリさんは持ち合わせていた。

それにしても、明治生まれで悠という名前は洒落《しゃれ》ている。そしてミドリという名前はそれ以上に、この時代にしては珍しいのではないかと思う。インパクトがあってすぐに覚えられるし、悠に負けないくらい時代を先取りしている印象を受ける。

「よく言われる」とミドリさんは私の意見に同意した。「同級生はみんなマツ、タケ、ウメ、キヨといった名前で、ミドリという名前は一人だけ違っていた」という。私の感覚では、松竹梅ときているならば、キヨよりも緑のほうがピンとくるのだが……。

名前のことになればなったで、話は膨らむ。ミドリさんはこの話をしてくれた日の午前中もいつものように病院で、他の患者たちに名前のことでさんざん笑われた。病院の薬袋には普通なら名字を書くが、ミドリさんの薬袋だけいつも「おもしろがって」下の名前が書かれている（そうミドリさんは思っているが、単に木村が多いだけのことかもしれない）。理由はどうであれ、どこの病院へ行っても書かれるのは、一人だけ下の名前なのだという。

薬袋が下の名前だから、診察のときも一人だけ「ミドリさーん」と下の名前で呼ばれる。だから、負けずに「はいっ」と人一倍大きな声で返事をしてやる。病院中の人が爆笑する。いつも、それを繰り返している。

そうすると、一人の患者が話しかけてくる。

「あんたミドリっていうの」

「そうだよ」

「それは名字かね、名前かね」

こんなときミドリさんは、「親切に」こう答えてやる。

「両方だよ」

「………?」

「それじゃあ〝ミドリミドリ〟じゃないですか」

私がすかさず突っ込むと、ミドリさんは「ハハハ」と豪快に笑った。『グリーングリーン』の歌が頭に浮かぶ。


どこへ行ってもミドリさんって呼ばれるから、名字で呼ばれたことがない。私がはじめ木村さんと呼んでいると、ミドリさんはキッパリ意見してきた。

「木村さんって呼ばれたことがない。みんなミドリさんと呼ぶ」

「じゃあ、私もミドリさんで」

こうして私もミドリさんと呼ぶようになったが、それから十年近く経《た》つというのに、私は未だに彼女を「ミドリさん」と呼ぶ人に出会ったことがない。

私にとってミドリという名前は若い人を見る限り特別珍しいとは思わないけれど、大正生まれだと付加価値が出るというのが、ミドリさんの認識というか、処世術の一種らしい。〝みどり〟でなく片仮名のミドリであることがさらにレア度を増していると、ミドリさんは考えている。

「なんでミドリになったんだか」

彼女は、自分の名前の由来を教えてもらったことがない。

「原生林のそばで生まれたからではなくて?」

「それもあるかもしれないねー」

木村という姓とミドリという名は、木がいっぱいな感じで相性がいい。ミドリの生い茂る〝木の村〟が真っ白に染まる十二月に、原生林のそばでミドリさんは生をうけた。

木村シロにならなくて本当によかった。

❖ 回転扉のある家

北海道の凍《い》てつく寒さは、新潟の気候風土と通じるものがある。そのため新潟村の家々は、新潟の民家の様式をそのまま取り入れて建てられていた。木村家は〝曲《ま》がり屋《や》〟という、母屋の横に厩《うまや》(馬小屋)を垂直につなげたL字形の民家だった。〝曲がり屋〟は東北地方を中心に雪深い地域に分布し、馬が寒い思いをしないように、また、人が外に出ずに餌《えさ》をやれるようにといった寒さ対策の工夫から、このようなつくりになったという。つまり人と馬が同じ屋根の下で生活する、人馬共存型の民家だ。

木村家の厩では、馬を七〜八頭飼っていた。ミドリさんは乗馬が大好きで、よく馬に乗って遊んだ。みんな賢い馬だった。馬に「頭危ないよ」と言うと、いつも上体を下げて頭を低くしてくれるし、背に乗るときは静かに待ってくれて、「さあ、行こう」と言うと歩きだしてくれる。

「たづなを付けないで馬にまたがって、タテガミをつかんで、ほい、ほいって。母親は女が馬に乗るもんじゃないって言うけど、背が高かったから」

何たる度胸というか、勇敢さというか……。北海道の広大な土地で馬数頭を引き連れた、西部劇さながらのミドリさんの画が浮かぶよう。馬とミドリさんは「ウマの合う、よきパートナー」なのだった。

木村家の仏間には、幅二尺（約六十センチ）ほどの床の間があった。そして、この床の間には掛け軸が二つ掛かっていた。と、ここからが、普通の家とはちょっと違う。なんと、掛け軸が掛かったその壁は、回転扉になっていた。掛け軸と一緒に壁が回転する仕掛けだ。そして、回転扉を抜けた先には、隠し廊下が続いていた。この隠し廊下は、家の裏側を回って厩へ抜けられるようにできている。だからこの家の裏側には、窓がない。誰だって、まさか裏壁の内側がすべて隠し廊下になっているとは思いもしない。

それだけではない。この家は外から見ても中に入ってみても平屋（一階）建てだ。しかし、天井の三カ所には〝隠し扉〟があり、そこから梯子《はしご》を使って二階（屋根裏）へ行けるようになっていた。この屋根裏は新潟での伝統様式をそのまま受け継いだつくりだと考えられるが、ミドリさんにとっては「からくり屋敷」だ。

家の「からくり」は家族全員が知っていて、普段は絶対使わないようにと親から厳しく言われていた。「からくり」はいざというときのための備えであって、日常で使う空間では決してない。

ミドリさんの知っている限りでは、新潟村が争い事に巻き込まれたことはない。それでも逃げ場だけは何がなんでもきちんとつくる。家とはそういうものだと思って育ったという。新潟での様式を受け継いだだけなのか、それともいつ起きるか分からない争いに備えたのか……。

「家には、見せていい場所と見せてはいけない場所がある」

ミドリさんから、何度も何度も繰り返し聞かされた言葉だ。ミドリさんは、この教えを指針に人生を歩んでいくことになる。

とはいえ、屋根裏の「隠し部屋」や回転扉は、忍者ごっこやかくれんぼをするのには絶好の遊び場で、ここを使っては親にばれてこっぴどく叱られた。

回転扉の先には、外部の人が入っていないか確かめるために、床すれすれに糸が張られていた。糸が切れていると、家族以外の人が通ったと分かる。それを家族は知っているから、ミドリさんは糸をまたいで通り抜ける。それでも回転扉を通り抜けると掛け軸がずれてしまうので、すぐに親にばれてしまう。

二階（屋根裏）にのぼっているときも、母にばれると梯子を外されてしまって、そのまま閉じ込められた。そんなときはいつも、「孫婆さん」（祖母）がこっそりおにぎりを運んでくれた。

回転扉でくるくる三回転くらいしたのを母に見つかってきつく叱られたときも、孫婆さんはミドリさんの前に立ちはだかって「孫たたくんなら俺たたけ」とかばってくれた。そして大きなおにぎりをにぎって囲炉裏で焼いて、「これ食べてさっさと寝るように」と促した。寝てしまったらこっちのものだ。母もさすがに、寝た子を起こしてまで怒ることはない。「孫婆さんはいいもんだ」と思って、ミドリさんは育った。

ミドリさんが「孫婆さん」と呼ぶこの祖母には、何かとおにぎりの話がつきまとう。「孫爺《じい》さん」（祖父）はミドリさんが小さい頃に亡くなったのであまりよく覚えていないが、孫婆さんは七十七歳まで生きた。武家の出身で賢く、きれいな人だったという。

毎日夕方になると、中国人が真田紐《さなだひも》を売りに村々を歩きまわる。「憎い鷹《たか》には餌をやれ」というのが孫婆さんの考え方だった。中国人が来ると孫婆さんは必ず、大きな焼きおにぎりを二つつくって新聞紙で包み、「これを食べながら行くと隣り村の旅館に着くから」と言って、隣り村まで行くように促した。

「家から離すことを考える。寒ければ手貸し（手袋のようなもの）を渡した」

おにぎりをあげれば、同じ人は二度と来ない。それでも「あそこに行くとおにぎりが貰える」という情報が飛び交って、次から次へと中国人が家にやって来た。孫婆さんはいつもいつも大きなおにぎりをにぎっては渡し、村から離した。

孫婆さんは絶対、余計な口は利かない。道をどちらへ曲がれば隣り村に行ったかが分かるから、中国人の曲がる場所を見届けるまで家の中に入らなかった。

「誰にでもおにぎりをにぎった孫婆さんは賢い」

ミドリさんがそう絶賛する孫婆さんのこの方法には、おなかを満たすことで遠くまで移動できるようにという、したたかさが隠されていたようだ。

❖　三日間の養子体験

木村家は大家族だった。祖父母と両親に加えて、大勢の兄弟（姉妹）がいた。十三人兄弟だとミドリさんからはずっと聞かされていたのに、「じっくり勘定し直してみたら、男九人に女六人で、十五人兄弟だった」とある日突然、訂正してきた。

親戚の中で兄弟が多いのは、ミドリさんの兄弟と母の兄弟だけだった。多すぎてミドリさんでさえ人数を把握しきれない。兄弟は上と下では歳が離れているから、早くに亡くなった兄弟もいれば、嫁に行ったり来たりと、家族の人数は変動していく。祖父母を入れて家族十九人が同時に暮らしたことはないけれど、それでも典型的な大家族には変わりなかった。さらに、ミドリさんが十二歳のときまで奉公人が四人いた。

食事をする人数も、普段から二十人を切ったことはない。そもそも、家族だけで食事をするなんてことは木村家ではなかった。ただでさえ大家族なうえに、その場にいる人がみんな一緒に食事をするのが当たり前。誰それに食事をさせたといった意識はなく、今日は誰が食べに来たかなんて誰も考えもしなかった。富山の薬売りなど、旅人もよく泊まっていった。

そんな大勢の人に囲まれて育ったミドリさんは一度だけ、小家族での暮らしを経験している。八歳のとき、養子に出されて、小林ミドリになった。

同じ新潟村の小林家には子供がなかったので、子だくさんの木村家に「子供が一人欲しい」と言ってきたのだ。両親はあっさり了解し、ミドリさんを小林家にあげてしまった。

新聞をとっている家は村で数えるほどしかなかったこの当時、小林家も木村家も新聞をとっていた。新聞配達は小林家の仕事だったので、養子になったその日から、ミドリさんは新聞配達をすることになった。ところがある日、学校が終わって配達用の新聞を持ったまま遊びに行き、気づいたら新聞がなくなっていた。

「新聞がなくなったし、……もう小林家はいいや」

ミドリさんは子供心にそう思った。そして新聞がなくなったからという理由で小林家には帰らず、そのまま木村家に戻ってしまった。

その日は、養子になってからまだ三日目。小林さんは何度も何度もミドリさんを連れ戻しに木村家へやって来た。しかし、いくら「怒らないから戻っておいで」と呼びに来ても、子供心に新聞をなくしたという責任感があったから、頑《かたく》なに断った。

子供が行かないと言ったら、大人同士の決めごとも成立しない。断り続けて、そのまま小林家には戻らなかった。三日で戻ったことについて、今では「悪いことをした」とミドリさんは思っている。その後、小林家は新潟に戻って行った。

小林家は、土地をたくさん持っていてお金持ちだった。たった三日間だけれども、お菓子を買ってくれたりミドリさんを本当にかわいがってくれた。

この三日間で人生に大きな影響を与える出来事もあった。小林家にはナギナタが上手な女性が出入りしていて、毎日庭で練習していた。ナギナタをヒューっと回すのを、ミドリさんは「いいなー」と思ってずっと眺めていた。そして、その姿にすっかり惚《ほ》れ込んでしまった。ミドリさんの「武道好き」は、ここから来ているという。

それなのに、たった三日間で戻って来てしまった。ミドリさんを簡単に養子に出したくらいだから、すぐに戻って来たくらいで木村家にとってはなんてことはない。「新聞でもって小林家の子供になるのをやめた」と言って、家族で大笑いした。

木村家とはこのような、のんきな家族だったとミドリさんは言う。

❖ 電信柱は借りてきて薪にする

ミドリさんが小学校に上がった頃、武田家では土蔵を新築することになった。屋根の棟の取り付けが完了すると、上棟式《じょうとうしき》で餅まきが行われる。その日、ミドリさんが大工のつくった足場に上って遊んでいると、餅まきの開始を知らせる呼び声がした。

その途端、ミドリさんの頭の中は餅だけになり、足場に上っていることはすっかり忘れてしまった。呼び声につられて走りだそうとした瞬間、足を踏み外してそのまま地面、ではなく火の中に落下した。

ミドリさんの立っていた足場の下では、ドラム缶の中でいらない材木を燃やしていたのだ。ここからの展開が速い。「落ちた」と思ったのと同時に、バリカンを持った孫婆さんがミドリさんめがけて走って来た。火の中のミドリさんを持ち上げたかと思うと、もう次の瞬間にミドリさんは丸坊主になっていた。

髪がちぢれたらすぐに丸刈りにしないと髪がもとに戻らないと危惧した孫婆さんは、気を利かせて、声を掛けることよりも何よりも、バリカンで頭を刈ることを優先したのだった。

その孫婆さんの反応の速さに、「それが速いんだよー」と、ミドリさんは興奮ぎみに当時を振り返る。落ちたのと、孫婆さんが走って来たのと、持ち上げられたのと、バリカンで刈られて坊主頭になったのがほぼ同時だった。お婆さんであることを感じさせない機敏な動き。さすが、ミドリさんの孫婆さんだけのことはある。

ミドリさんはやけどもせず、「ただ真っ黒い顔をした坊主」になった。誰もミドリさんとは気づかない（とミドリさんは思っている）。上棟式で大勢の人が集まっている中、急に知らない子供が加わっているから、みんなが口ぐちに「誰だろう」と首をかしげた。

誰も知らない真っ黒な丸坊主の子。ミドリさんも自分の姿を悟った以上、あえて自分が誰なのかを名乗り出ようとは思わない。一言も口を利かずに謎の少女を貫いたまま、一日が終わった。

それにしても、普通なら子供が火の中に落ちたら、バリカンではなくて、水を持って駆け付ける。やけどより何よりも髪を気遣った孫婆さんは、器量が良く、月に一回おはぐろをするお洒落な人だったという。おはぐろがきれいに染まるように、タバコも吸っていた。

そんな孫婆さんに育てられたミドリさんも、今ではすっかり人一倍の度胸をそなえたお洒落なお婆さんになった。あのとき孫婆さんのおかげでちぢれ髪にならずにすんだ恩を、今もミドリさんは忘れていない。


木村家では、新築した武田家の蔵に劣らず、立派な蔵を持っていた。ミドリさんによると、たいていの蔵は一尺五寸（約四十五センチ）ごとに柱があった。さらに、木村家の蔵は柱ばかりの「びっちん柱」だった。ミドリさんは柱ばかりの造りのことを「びっちん柱」と言うけれど、隙間のない「びっしり」が訛《なま》った表現なのだろうか。

蔵の中の窓のそばには、火事にそなえて味噌樽《みそだる》を置いていた。火事が起きたら扉を閉めて、隙間に味噌を塗り込めることで、蔵を密封する。毎年味噌をつくり、蔵の味噌を取り替える。だからミドリさんは、蔵には必ず味噌樽があるものだとずっと思っていたという。

さて、武田家の蔵の上棟式でミドリさんが〝大惨事〟を起こした直後だろうか。木村家では自宅を建て替えることになったので、工事をはじめる前に蔵を五～六間分（約十メートル）移動させた。曳屋《ひきや》といって、建物を解体せずにそのまま水平に移動させる方法がある。「蔵の下に電信柱を三本入れて、馬二頭に引っ張らせて移動した」という。

思わず私は、「電信柱」という言葉にピクリと反応して身を乗りだした。

確かにミドリさんは、電信柱で蔵を移動したと言った。でもこの地域に電気が通りはじめたのは大正十年あたりからで、新潟村に普及するのはもう少し経った頃だろうから、電信柱は身近になかったはずだ。電信柱三本は借りてきたという。どういうことかと聞き返すと、「いらないと言われた」とミドリさんの返答はあっさりしている。

どうやらミドリさんは、「丸太」のことを「電信柱」と言いがちなようだ。昔は電信柱も木製でまさしく丸太だったから、間違ってはいない。借りてきたという「電信柱」も、電線を通していたわけではなくて、原生林から伐ってきた丸太のことを指している。

蔵曳きの仕事を任されたのは、飼い馬のクリヒメ号とハツヒメ号だった。蔵を曳く馬を見に野次馬も来た。

ミドリさんにとっても、蔵曳きを見物するのは楽しかったという。曳いている間、蔵はほとんど揺れることなく、それは見事だった。水を入れたコップを蔵の窓に置いてもこぼれない。それだけ安定しているというたとえで言ったのかと思ったら、たとえではなく本当にやってみたのだという。三時間という短時間で作業は無事に完了した。

蔵曳きが終わると、「電信柱」は風呂の薪《まき》として使ってしまった。丸太は蔵を曳きやすいように油を塗ったというから、よく燃えたことだろう。その代わりに原生林から新しい木を勝手に伐ってきて、貸し主に返した。

村では原生林の木を伐採するのも、植物を取るのも、公的資源を取る場合には書類提出が義務付けられていた。例えば、豆腐屋で包装に使う朴葉《ほおば》でさえも、届けを出してから摘んできたものだった。

しかし、木村家は特別扱いされていた。父が官林の仕事をしていたこともあり、原生林の木を勝手に伐っても構わなかった。この伐り放題特権を生かして、木村家は数々の伝説をつくっていく。

❖ 昔の人は、そんなもん

「電信柱」の活躍はともかく、蔵曳きがスムーズに行われたのは、警察官立ち会いのもと、道路を通行止めにして作業に徹したからだった。ミドリさんの話からするとこの家は、何かと警察を自在に操っている。蔵曳きにしてもひと声掛ければ、警察はすんなりと付き合ってくれるのだ。

「警察は、ドブロク飲ませておけば機嫌がいい」

ミドリさんがあっさり言い放つのを、そういうもんだったのかと半信半疑で聞きつつも、これが木村家だったのだと私は理解するようにもなった。そして、この台詞《セリフ》を証明するかのような以下の話もある。

家族は誰も酒を飲まないのに、木村家ではよくドブロクをつくった。ドブロクとは、米に麹《こうじ》を加えて発酵させてつくった酒のことだ。警察官は木村家がドブロクをつくる日を見計らって、よくドブロクを飲みに来た。

ドブロクが置いてある場所を警察官はみんな知っているから、自分で勝手に飲んで、こんな台詞を残して帰って行く。

「うまいっ。明日がちょうどいいときだ」

ドブロクは、できてから三日目までが甘くてうまいのだ。それを過ぎると味の質が落ちてしまう。だから警察官は、用事がないのに三日続けて訪ねてくる。警察官が家に来ると、巡回のしるしとして一つ判を押して帰る仕組みになっていたが、続けて来ると業務上怪しまれるので、判を押さない日をつくる。

それでも、誰も「ドブロク」という言葉は絶対に発しない。昔から家でドブロクをつくることは禁止されていて、つくっているのがばれると罰金が科せられる。だから木村家は外部の人に、「もうすぐおかゆつくるよー」と教えるし、警察官も「おかゆ食べに来た」と言う。

「おかゆ」は、みんなの合言葉。ドブロクはご法度《はっと》だから警察官は絶対に飲まないが、「おかゆ」なら構わない。形式上「おかゆ」を食べることにして、ドブロクを飲めばいいい。

小さい頃からミドリさんは、「おまわりさんはドブロク飲んで行く人」と思っていた。友達とけんかして「警察に言うよ」と言われても、警察は禁止されているドブロクをいつも飲みに来ていることを知っているから、まったく怖くない。

ドブロクは、においがきつい。そこで、家で保管しているのがばれないように馬を利用する。尻尾に赤い布を付けた馬は、人を蹴飛ばす暴れ馬のしるし。たてがみに赤い布を付けた馬は、人に噛《か》み付く馬のしるし。だから、その近くには誰も近づかない。畑の真ん中の畦道《あぜみち》に、ドブロクを入れた甕《かめ》にムシロを掛けて、そこに赤い布を付けた暴れ馬をつなぐ。畑の真ん中に馬をつないでいたら要注意。そこにドブロクを隠していることが、ミドリさんにはすぐ分かる。

警察官もそんなことぐらい知っているから、見て見ぬふりをする。それで一見落着してしまう。

「昔の人は、そんなもん」

ミドリさんがこの台詞を力強く発すると、どんな理屈をも説き伏せて、ものごとを平和的解決へと導いてしまう。

そんな人の絶えない木村家に、最も大勢の人が押し寄せてくる一大イベントがあった。

それが正月の百人一首である。伝統的な日本家屋だった木村家は、部屋を壁ではなく建《たて》具《ぐ》で仕切っている。建具をすべて取り外して大広間にすることで、大人数の収容が可能になった。

とはいっても、正月ばかりはだいぶ勝手が違う。なにしろ三百人ほどの村人がみかんを一箱ずつ持って木村家に集まって来る。それから半月ほど、毎日毎日ひたすら百人一首をやり続けるのだ。

百人一首に対して三百人。当然、札がたくさん必要になる。そこでオリジナルの札を使った。村人が作ってくれた特注の木札で、朴の木を使った立派なものだったという。立派な木札がどうこうというよりも、三百人が約十五日間連続で毎日百人一首をし続けるということに驚かされる。

北海道では、「北海道カルタ」（別名「下の句カルタ」）という文化がある。下の句を読み上げ、下の句が書かれた木の札を取る。これは、上の句を覚えるなどめんどうなことをせず、見栄《みえ》をはらない北海道気質でもあるのだろう。そして、もう一つ。内地から北海道への移民の多くは生活の手段を得ることにおわれ、あまり教育を受けていなかった。そこで、教養がない人でも楽しめるのが「北海道カルタ」なのだ。

下の句を読み上げるたび、部屋にはパン、パンッ――と札をはじく音が響き渡った。

「障子がやぶれても裏が唐紙屋だから、すぐに直してもらえる。だから困ることはない」

その白熱振りは尋常ではなさそうだ。

カルタ取り 主役はいつも 唐紙屋 障子に穴なし 納戸に抜け穴《みち》あり

「昔の人は、そんなもん」

カルタ取りはそんなもんでも、納戸に抜け道があるのは「そんなもん」で流せることではない。新潟村は争い事のない平和な村だったが、木村家の「からくり」はどんどんエスカレートしていくことになる。

❖ 新築しても、からくり屋敷

大正十年、ミドリさんが八歳のときに木村家は自宅を建て替えた。今度の家は、父の設計である。それまでにも林行橋や、のこくずストーブをつくったり、敷地内を職人集落にしてしまったりと、素人とは思えない建築的才能を発揮して、もの好きの極みを見せていた父のことだ。いったい、どんな家になったのか。

室内機能や間取りはそれまでの家とほとんど変わらず、伝統様式をしっかりと受け継いだつくりになっている。しかし今回は二階建てで、部屋数は倍になり、明らかに建築技術が発達している。

「前の家より悪くなっている箇所は決してない」

ミドリさんの評である。

私にとって北海道の昔ながらの住宅は、内地で見られる町家や民家というよりも、いわゆる洋風建築のイメージが強い。北海道は先住民以外、移民で構成されているから土地のしがらみがない。いってみれば、ほとんどがよそ者だ。自由な風土、これが自由な建築物を生み出す。

もちろん北海道でも最初は、新潟村がそうであったように、日本（郷土）の伝統様式を取り入れて家を建てた。しかし下見板《したみいた》張り（横板張り）の様式に代表されるように、北海道ではアメリカ建築の移植が進み、今では「アメリカ風の建築」が北海道らしさとしてすっかり定着している。故郷からの建築様式は、結局は定着しなかった。

木村家は北海道での時流に乗りつつ、故郷の伝統もしっかり受け継ぎ、持ち前のオリジナリティを築くことも忘れていない。

新築した家の外観は下見板張りで、板は色を塗らずに素材をそのまま使っていた。まだ塗料を使う時代ではなかったようだ。しかし下から三枚だけ、板に馬車油を塗っている。これは雪が付いて凍らないための工夫だった。

屋根は柾葺《まさぶ》きで、椴松《とどまつ》を瓦状に葺いた。椴松は野幌原生林をはじめ北海道に多く自生し、はじめは色が白くて徐々に黒くなっていくのが特徴である。椴松葺きの屋根に対し、軒先〔屋根周り〕は「グリーンのトタン」を使って葺いた。

家全体も屋根の葺き方もお洒落なのに、なんで軒をトタンにしてしまうのだろうと思ったら、どうやらこれは予算上の妥協策ではなく、選び抜かれたこだわりのトタンのようだ。「二十八番」という厚くて良質なトタンで、安物とはわけが違うという。

ミドリさんも、トタンのような庶民的な材料を使って、洒落たデザインを演出する才能があると思う。材料選びの基準もどこか個性的である。北海道で暮らした家の話を聞いていると、電信柱の突き出たミドリさんの今の家を何かと連想してしまう。


さて新築の家だが、近代的で北海道らしい外観に対して、内部は和室が展開された内地さながらの日本建築だった。しかし普通の家とは規模が違う。

「玄関は六畳間。二十四畳の部屋にいると広すぎるから、真ん中を建具で仕切って半分にするとちょうど良かった」

何しろ大勢の兄弟全員に一つずつ部屋が与えられ、奉公人の部屋まであった。

戦時中には新聞記者がやって来て、木村家の家族を全員集めて、六畳間の玄関の前で写真を撮ったことがあるという。ところが現像した写真を見てみると、なぜか父だけ写っていない。「爺さん〔父〕はどこに行ってたんだ」と、後々まで家族の話題をさらう失踪劇となった。

新潟村、木村家の玄関前で（前列右端がミドリさん）

その父が設計したこの家は規模のほかにもう一つ、普通の家とは若干違うところがあった。新築しても、やっぱり家の中には回転扉があったのだ。今までの家にもあったので、父がおもしろがってまた造ったのではないか、というのがミドリさんの見解だ。そもそも、今までの家になぜ回転扉があったのだろう。私がいくら不思議がっても、それはミドリさんにも分からない。

そして今回は、一階の床の間に加えて二階にも回転扉があるという、相当な気合の入れようである。一階は床の間の回転扉を抜けると裏の隠し通路に続いていて、二階は回転扉を抜けると階段を伝って一階の隠し通路に合流する。そこから厩に抜け出せるようにつくられていた。

さらに押し入れは、布団をしまうだけではなく、隠し通路の役割も果たしていた。すべての壁面が開閉式の板戸になっていて、左右の戸を開ければ押し入れ全体が隠し通路になり、奥の戸を開ければ裏の隠し通路に合流する。天井の戸を開ければ、上へ上へと屋根まで通路が続いている。

押し入れなどのすべての隠し戸には、〝猿《さる》〟を三本ずつ付けていた。猿とは、木造家屋の戸に取り付ける錠前のような仕掛けをいう。上下の猿は他人を惑わすための似せ猿で、中央の猿のみ戸が開く仕組みになっていた。これで逃げる際に時間稼ぎをするという。

これらはあくまでミドリさんから聞いた話にすぎないが、このからくりのうちのいくつかは「電信柱の突き出た家」にも存在している。そして、からくりの話になるとミドリさんの話は具体的で、聞いていてその説明に不自然さは見当たらない。しかし、「何のために……」という根本的なところに多くの不思議が潜んでいる。

実際に使うことをシミュレーションしてみると、どうしたって無理が生じる。「押し入れに布団をしまっていたら隠し通路が機能しないのでは」という疑問には、「布団をどかしながら進む」のだとミドリさんの回答はいたって明快だ。そうはいっても、布団をどかしながら進むとなれば、逃げるどころか追いつめられる。

この徹底ぶりは尋常ではない。猿にしても、押し入れ一つにつき十二本。家の規模から換算すると、単純計算でも家に百本以上の猿が存在することになる。

ここまでやると手が込みすぎていて、遊び心ですむ話ではなくなってくる。平常心で、誰の目にもとまらないところにここまで徹底してこだわれるものなのか。

ミドリさんいわく、「武士は家の内部に逃げ道をつくることで自分の身を守ってきた」。「逃げ道はたくさんつくっておくに越したことはない」

武士の精神が宿った家ということか……。だが、木村家が本気でいざというときのために備えてからくりをつくったのか、その真相を知る術はない。

❖トイレ用の下駄で格式を重んじる

自宅の建て替えに合わせて木村家では、一畳半ほどの大きな仏壇を新調した。その仏壇運びは、蔵を移動するのにも増して神経を使った。

「馬で運んで仏壇が壊れると困るから、産婆《さんば》率いる六人が三人ずつ交代で、縄を通して棒でかついで仏壇を運んだ」

とミドリさんは言う。なぜ産婆、と思ってしまうが、おばが助産師をしていたそうだ。おばは明治時代に札幌助産学校の一期生として卒業し、村ではじめての助産師として第一線で活躍していた。新潟村でのお産にはたいてい彼女が立ち会い、村内では名の知れた存在だった。

呼ばれればどこへでも駆け付ける。遠く離れたところや冬の移動は馬車に乗って、数キロ先へは自転車で行った。この時代は村で自転車に乗る人がまだわずかで、ただでさえ自転車は男性の乗り物だった。村内の女性ではじめて自転車に乗り、常識をくつがえしたのもこのおばだった。袴《はかま》をはいて自転車にまたがり、レースの傘をさして往診に行くのが彼女の産婆スタイル。ハイカラだった。

そんなおばの仏壇運びだから、華がある。女性なのに自転車に乗るという珍しさに目をつけて、新しもの好きの父は運搬におばを起用したのだろうか。まだ村内で自転車が数台しかなかった当時から、木村家にも父の買った自転車があった。

新しいものは積極的に取り入れ、神仏崇拝の精神も忘れなかった木村家のことだ。そこから「仏壇を運ぶ産婆」という〝ことわざ〟が誕生してもいいくらい、産婆の仏壇運びは、新しいものも古いものも尊重する木村家の家柄を如実に表している。

木村家では神仏を敬うしつけも徹底していた。

「仏間には、家族であっても普段は入れてもらえなかった。それも手と顔を洗って、身体をきれいにしてからでないと入れてもらえない」

仏間には回転扉があることを、ミドリさんのこの台詞に補足しておいたほうがいいかもしれない。

木村家が格式を重んじていたのが、家のつくりにも表れている。それまでの家の伝統を受け継いで、今回の家でも玄関は上玄関・中玄関・下玄関の三つに分かれていた。上玄関は宮司や警察官などの客用、中玄関は家族・親族、下玄関は小作人などと使い分けていた。

「うちは米百俵が集まる家。みんなが立ち止まって『いい玄関だなー』って見入るほど、広々とした立派な玄関だった」

ミドリさんはことあるごとに、玄関の広さを自慢げに語る。小作人たちは下玄関から入らないといけないから多少気後れするが、偉い人は堂々と上玄関から入って行けるから、よく訪ねて来た。

衆議院議員の町村信孝の父で元北海道知事の町村金五《きんご》も、ミドリさんが子供の頃、選挙の時期になると必ずバナナを手土産に木村家へやって来た。北海道開拓に従事し「酪農の父」と呼ばれた町村金弥を筆頭に三世代、町村家は新潟村と深い縁がある。町村金五が木村家を訪れていたのは、ミドリさんが八歳くらいのときまでだった。当時は一定の納税額に達していないと選挙権がなかったから、木村家は貴重な得票源だったのだ。

まだ子供で選挙権のないミドリさんにとって、町村金五は政治家ではなく「バナナのおじさん」にほかならない。選挙の時期になると「バナナのおじさん」はバナナを手土産に突然家にやって来て、ミドリさんを抱き上げる。そしてバナナを手渡しながら、「ここを持ってこうやって食べるんだよ」と食べ方を丁寧に教えてくれた。

子供にとってバナナが食べられるのは楽しみで、選挙が毎日あればいいのにとミドリさんは思っていた。

格式が感じられるのは仏間や玄関だけではない。トイレは男性用と女性用が二部屋ずつで、全部で四部屋あった。そして木村家には、「トイレ用の下駄《げた》」という変わった下駄があった。

トイレは家の中にあるのに、用を足すには必ず「トイレ用の下駄」を手前の廊下で履いて行かなければならない。まな板のような形で、歩くたびにカッポカッポと大きな音を立てる。どの家にもあるのかと思っていたら、こんな習慣があるのは、木村家と武田家のみだった。それだけ生活の作法に厳しく、ミドリさんは「格式高かった」と説明する。

下駄は外出用とトイレ用で、家族みんなが二組ずつ持っていた。木村家では全員、自分の下駄は子供のうちから自分で作った。木を切って形を整え、鼻緒は自分の好みで布地を決めた。

それにしても、なぜこんな決まりがあったのか、トイレ用の下駄はいったい何なのか、不思議だったという。ミドリさんの疑問は今も解決されていない。

トイレに入っているとき以外は、トイレ用の下駄は必ず下駄箱にしまうのが決まりになっていた。下駄は鼻緒が全員違うので、そうすることで誰がトイレに入っているのかを判断する。下駄をしまわないと、「なげ（捨て）てしまうぞ」と怒られる。なげられると困るから規則に従う。こういうところは、ミドリさんも素直だった。

武田家の本家は、もっと厳しかった。下駄の置き方や向きにまで気を配り、下駄を見て誰が来ているのかを判断できるほどだった。「どうしてこんなにやかましかったんだろう」とミドリさんは今でも思うが、これが日常だった。

人は上を目指すことで一生懸命になれるから、格式はあったほうがいいとミドリさんは考えている。

❖ あだ名は電信柱

ミドリさんは、小学校高学年で身長が百六十センチあった。大正生まれの女性にしては長身である。その長身を生かして、自転車に乗っていた。村の女性で自転車に乗るのは、ミドリさんと産婆のおばさんの二人だけ。「女が乗っても悪いことはない」というのがミドリさんの持論だ。

雪の積もる冬の間は、産婆のおばさんは馬車を使ったが、ミドリさんは乗馬もこなし、近隣への移動はもっぱらスキーだった。屋根からスキーで道路に滑り降りる。一日に数人程度しか家の前を通らない閑散とした農村でも、滑り降りたときに馬が通ったら大事故につながる。日頃から馬と仲良くしていたのがよかったのか、それとも神仏を尊ぶ家訓に守られたのか、幸いミドリさんは何事もなく今日にいたっている。

身長はあるのに慎重さに欠けるミドリさんのことだ。人一倍の度胸でもって、自転車でもスキーでも何でもやって、活動の幅を広げていった。

とはいえ、この時代の女の長身は、みっともないとされていた。そこで、電信柱というあだ名が付いた。親戚中がミドリさんのことを電信柱と呼ぶ。

そのなかに、ミドリさんのことをいつも「おい、電信柱」と言ってからかうおもしろいおじさんがいた。このおじさんは武藤《むとう》茂吉という。武藤家は会津《あいづ》藩の武士の家柄で、おじさんは裕福な農家の次男坊として生まれ育った。明治時代にして会津若松の商業学校を卒業し、英語もしゃべる。博識で、村内では稀《まれ》にみる高学歴だった。

元旦には村中の人が小学校の運動場に集まって、拝賀式が行われる。武藤のおじさんは町長（新潟村は町の中の一地域なので町長）の隣に席が用意されて、村人の前で来賓のあいさつをするのが恒例になっていた。あいさつは日本語なので、特技の英語は生かされないが、こういうおじさんが親戚にいることはとても名誉なことだった。

しかし、そこは雪国である。拝賀式では村人たちに席はなく、吹雪の中を運動場に座ったまま話を聞かなければならないときもあった。

「雪だらけのマント着て、話なんて聞くもんかね。寒いし足痛い」

みんなできるだけ早く、この苦痛から抜け出したい。そこでミドリさんは「おじさん、長い話しないでね。足がしびれるから」と子供心に情けを期待して事前にお願いしておく。そのかいあってか、おじさんだけは話を短くしてくれた。「しめた」とミドリさんはにんまりした。

おじさんと「電信柱」のミドリさんは心の通い合う間柄だった。それにおじさんは金持ちで、おこづかいをたくさんくれるから子供たちから慕われていた。

ミドリさんが幼少時の思い出を語るとき、大勢の親戚のなかで、武藤茂吉というおじさんと産婆のおばさんは欠かすことのできない存在として、頻繁に登場する。実は産婆のおばさんは武藤茂吉の娘であり[*4]、産婆のおばさんには節子という娘がいた。いとこの節子はミドリさんの妹と同い年で、十歳上のミドリさんとも大の仲良しだった。二人は「節子」「ミーちゃん」と呼び合った。

「ミーちゃんなんて、猫みたいで嫌だ」

ミーちゃんことミドリさんがさんざん抗議するもむなしく、結局いつも猫扱いのままだった。ミドリさんのことを「電信柱」と呼ぶ武藤のおじさんよりはましだと思うのだが、電信柱と呼ばれることにはどういうわけかあまり抵抗がなかったようだ。

節子は産婆の母と同じく助産学校を卒業したのに、助産を一度もしたことがない。そこで猫扱いのミドリさんも負けてはいない。

「節子は産婆（三羽）じゃなくてニワ（二羽）だ」

こう言って、よくからかった。

❖ くせ者揃いの親戚列伝

ミドリさんの親戚には本当にいろいろな人がいるものだ。「電信柱」とあだ名をつけるような個性派揃いであることは間違いなさそうなのだが、武藤家のような、ミドリさんにとっての正義の味方ばかりとは限らない。一筋縄ではいかない親戚たちが、ミドリさんの暮らしの中にはつきものだった。

正月や家の建て替えなど、祝い事では餅をつく。木村家でも餅をつくと、お重《じゅう》（重箱）に入れて親戚中に配ることになっていた。

餅配りは子供のおつかいで、帰りには空になったお重の中に、蠟燭《ろうそく》かマッチとおこづかいを入れてもらう。まだ電気があまり普及していなかったから、蠟燭とマッチは生活必需品だった。木村家の子供たちは、おこづかいをたくさんくれそうな親戚の家へと先を争って餅を届けに行った。

ミドリさんがあるおじさんの家に行くと、必ず厄介なことになる。

ある日、そのおじさんの家にミドリさんは餅を届けに行った。「これ、美味《おい》しくないけど食べてください」とミドリさんなりの社交辞令を言って渡そうとすると、おじさんは「うまくないならいらない」と言って受け取らない。「いらない」と言われれば、押しつけてくることもない。そのままあっさり引き返して来た。

ところが今度は家族から「なんで持ち帰って来るんだ」と言われて、再びおじさんの家へ餅を届けに行くことになる。二度目となるとさすがに餅だけは受け取ってくれるものの、お返しにマッチしか貰えない。おこづかいを期待していたミドリさんの心は満たされない。

ミドリさんは、このおじさんに必ずやられる。「美味しくないけど食べてください」というのは本心ではなく、「日本人の癖」なのだとミドリさんは思っている。その謙遜する習性をミドリさんなりに人から盗んで実践してみるのだけれど、どうしてもうまくいかない。そのおじさんのところへ他の兄弟が行くと、ちゃんと餅を受け取ってもらえるにもかかわらず……。ミドリさんは首をかしげる。

しかし、「これ、ほんのつまらないものですが召し上がってください」と少し控えめに手渡せば、おじさんもきっと受け取ってくれただろう。ミドリさんの物言いはシャキシャキしていて、あまりにストレートすぎるのだ。

結局、ミドリさんはこのエピソードを語るときの言いまわしだけはすっかり板に付き、餅を受け取ってもらえない謎は相変わらず解けないまま、九十代に突入した。この話で多くの人を笑わせてきたのだろうから、これも吉と転じているといっていい。

このおじさんも、金持ちだった。「気持ちよくおこづかいくれればいいのに」と、未だにミドリさんから陰口をたたかれるはめになるとも知らず、おじさんはいつの間にか遠くブラジルへと移住してしまった。

何人もの親戚がブラジルに移住して行き、たまに日本に帰って来ても「ブラジルのほうが居心地がいい」と言って、また戻って行ってしまう。ブラジルで村長になって表彰された親戚もいるとか、ミドリさんのもとには話だけが流れてくる。日本にパーマネントをかける技術を習いに来たその子孫もいたが、技術を習得すると、またブラジルへ戻って行った。

北海道へ渡った開拓者精神は、さらに南米へと向けられたのだ。

そうかと思えば、飲《の》ん兵衛《べえ》のおじさんもいた。

ある日そのおじさんの家に行くと、おじさんはいつものごとく酒を飲んで、口を開けたまま寝入ってしまった。ミドリさんはそれを見て、口の中に梅干しをポトっと入れてみた。すると状況も分からず眠り呆《ほう》けているおじさんは、うにゃうにゃと口を動かしてごくっと梅干しを呑《の》み込んだ。

周りにいた親戚が「あー、死ぬ、死ぬ」と騒ぎ立てたものだから、ミドリさんも我に返った。

「わし、本当に死ぬと思ったの。あれだけはわし、悪いことしたと思ったね」

それまで、眠り呆けたおじさんのまねをしてふざけていたミドリさんも、このくだりにさしかかると急に神妙な語り口になった。何しろその晩のミドリさんは、「おじさんが死ぬ」と思って気が気でなかったのだ。

それなのに、あくる日、おじさんは死にもしないで平気な顔をして木村家へとやって来た。おじさんだってミドリさんから梅干しを口の中に入れられたくらいで、うかうか死んでなんていられない。

合わせる顔がないミドリさんは、恐る恐る話しかけた。

「おじさん、昨日、固いもの食べなかった？」

「食べてない」

あまりにあっさりとした一言で、ミドリさんの緊張は一気にほどけた。飲ん兵衛のおじさんが翌朝きちんと目覚めてくれたおかげで、ミドリさんのいたずら好きは改善されず、そのままいたずら好きのお婆さんへと突入することになったのはいうまでもない。

しかし、くせ者揃いのおじさんたちの名誉のためにも、最後にこれだけは付け加えておかなければならないと思う。

彼らは一様に、ミドリさんや村じゅう誰もが認める優れた建築センスの持ち主だった。おこづかいをケチろうと、飲ん兵衛だろうと、家を建てるときにはここぞとばかりに才能を発揮した。

後述するように、私が新潟村を訪れたあとでミドリさんに武田家の写真を見せたとき、ミドリさんの感激はひとしおだった。「節子の家だ」「節子の家だ」と繰り返し、手にとって眺めてはえらく喜んだ。紙に出力しただけの画質の粗い写真で気が引けたものの、あまりに喜んでくれるものだから写真はそのままプレゼントした。

写真が自分のものになったミドリさんは「これが残っているなら行きたいねえ」と、今までゼロに近かった現在の新潟村への関心まで芽生えていた。

実は当初ミドリさんは、武田家の写真を武藤家と勘違いしていた。無理もない。両方ともミドリさんの一族が設計して建てた家だ。武藤家も木造の大きな家で、武田家と外観がそっくりだったと多くの人が証言している。

何より誤解を与えた要因は、一緒に見せた写真にあった。私は武田家の外観写真と一緒に、武田家の庭に立て掛けられた建具の写真を見せていた。木を水色にペイントした重厚な建具で、上半分はすりガラスに藤の家紋が大きく描かれている。

水色の木の建具という物珍しさに加えて「電信柱の突き出た家」にどこかつながるような、ミドリさんらしさもそなえたこの建具は、私にとって気になる存在だった。だから、この写真も見せたのだった。

ミドリさんは、その建具に見覚えがあった。藤の家紋といえば〝武藤の藤〟を意味する。大きなのぼり藤をあしらった建具は、会津藩出身で武士の血筋を引き継ぐ武藤家で使われていたものだという。

時を経て、この建具が武田家の外に置かれているのを私が見つけたということは、誰か親戚の中にこの建具が好きな人がいて、武藤家が家を取り壊す際に武田家に持って来たのだろう。

それにしても、武田家も武藤家も建て替えばかりやっていた。武藤家は「写真の武田家」とそっくりな家の真ん中に煙突を立てて、その下の部屋で暖炉を囲んで団らんを楽しんだ。家先には「助産婦」と書かれた立派な鉄製の看板が掲げてあった。

「これだけ古くなってバラックみたいと言う人もいるけど、いいつくりしている」

感慨深く語るミドリさんの横で、私もその意見に賛同する。私は新潟村を訪れたとき、武田家の独創的な名建築を目のあたりにして、心の底から感動した。その建築の奥底に潜む見えない糸をたぐり寄せていけば、私がここまで「電信柱の突き出た家」に強く惹《ひ》かれてしまうことと、きっと深くつながっているはずである。

注

＊1　正式には「野幌《のっぽろ》」と呼ばれる地域を指すが、新潟県民がつくった村なのでミドリさんたちは「新潟村」と呼んでいた。

＊2　『野幌部落史』などによれば、自宅の敷地内に小学校が建ったのは、ここに木村家が移住して家を建てたときと同じ明治三十八年のことである。ミドリさんの両親が結婚したのはそれから三年後の明治四十一年。本文ではミドリさんの主張を取り入れたが、小学校を建てたのは父ではなく、世帯主の祖父だったのではないかと考えられる。

＊3　新聞は「北海道新聞」だったと思われるが、保存版が残っていないため確認ができず、ミドリさんの話をそのまま記している（のちに「北海道新聞」に統合された当時の「北海タイムス」には、このような内容の記事は記載されていなかった）。

＊4　会津出身の武藤茂吉は、ミドリさんの叔母にあたる武田サトと新潟で結婚し、婿養子として迎えられたため武田茂吉になった。茂吉とサトの夫婦は、実家の武田家に続いて明治三十一年に北海道へ渡り、新潟村の六番組に居を構えた。武田家は茂吉の才能を認めていたため、北海道へ来たのを機に「長女（サト）をやるから元の籍に戻れ」と茂吉に言い、武田茂吉は再び、武藤茂吉になった。新潟村に会津出身のおじさんがいるのはそのためである。

　武藤夫婦には子供が出来なかったので、武田ナヲを養女として迎え入れた。養女のナヲは、妻サトの妹にあたる。姉妹はこの日を境に親子になり、武藤家で育てられたナヲは助産師になった。この武藤親子はミドリさんの母にとっては姉と妹であるため、父娘である茂吉（武藤のおじさん）もナヲ（産婆のおばさん）もミドリさんにとっては二代そろっておじさん、おばさんであり、産婆のおばさんの娘である節子はいとこになる。

第二章

原風景への回転扉

ルーツを追う旅
北海道篇

❖ 新潟村へのいざない

平成十八年十月。私は新千歳空港から電車に揺られて、北海道新潟村を目指していた。屋根の上には、企業の宣伝看板と化した煙突があふれている。煙突がひょこんと顔をのぞかせた住宅が現れたかと思えば、それはやがて群れとなり、屋根から煙突がぼこぼこと突き出た景色が流れていった。

北海道には、煙突の文化が根付いている。そんな当たり前のことを、車窓からの景色を眺めていると再認識させられる。屋根から突き出るものが一つくらい煙突ではなくて電信柱だったとしても、ここではあまり違和感はなさそうだった。

電車は、北広島駅にさしかかった。新潟村の隣り村である広島村は、広島県から移住して来た十九人が苦労して開拓した村だった。

「村長は字が読めないのに、新聞は読むふりをする」

そんな村長を中心に一致団結して生き抜いてきた広島村は、北広島市として人口六万の都市に成長していた。歳月は人や街をとてつもなく大きな力で動かして、先人が描いた夢を現実に変えていく。

新潟村は今、どのような姿になっているのだろうか。どのような風景が広がっていて、どのような家が立ち、どのような文化が根付いているのだろうか。

新潟村は北広島市（旧広島村）の北側に隣接し、現在は江別《えべつ》市になっている。ここは、北海道開拓でいち早く着手された鉄道交通を要《かなめ》に発展を遂げてきた。街の中央を東西にJR線が貫き、野幌《のっぽろ》駅の北側は屯田兵が開拓した「屯田兵村」、駅の南側は北越《ほくえつ》殖民社のもとで新潟県民が開拓した「新潟村」が広がっている。文化の異なるこれらの村が合わさって、江別市は形成された。

ミドリさんの原点は新潟村にある――その思いはミドリさんの話を毎回ワクワクしながら聞くにつれて、直感から確信へと変わっていった。ミドリさんの幼少時の思い出を〝愉快な話〟ですませてしまうこともできたかもしれない。しかし、その奇想天外な暮らしの背景には「電信柱の突き出た家」へとつながっていく、もっと深くておもしろい「何か」が潜んでいるのではないかという思いが、ずっと私の心の中でくすぶり、大きくなっていた。

ミドリさんの建築センスを育んだ新潟村を、どうしてもこの目で見てみたい。ミドリさんの幼少時の生活圏に足を踏み入れて、原風景を確かめてみたい。住んでいる人たちから話を聞いて、ミドリさんのルーツをもっと深く探ってみたい。そういった思いが大きくなって、私を新潟村へと向かわせることになった。

こうして私の興味を惹きつけ続けた新潟村は、想像をはるかに超えて衝撃的で、回転扉を次々と押し開けていくような展開の連続だった。

地図にない新潟村の一本道を歩いて行くと、父の造ったミドリさんの兄の名前が記された、古びた看板が立っていた。さらに歩くと、そこにはミドリさんの兄の名前が記されていた。その近くには、武田家の大きな木造家屋が木々の合間にひっそりと、でも独特な建築センスはしっかりと主張しつつ佇《たたず》んでいた。ミドリさんの親戚たちは、新潟村で今も変わらず生活していた。

そしてその周辺にはなぜか、家先に色鮮やかなオブジェを飾った個性豊かな「ものづくり集落」が形成されていた。漁で使っていた浮玉《うきだま》を大胆にアレンジしたカエルなどのいわゆる〝ゆるキャラ〟たちが家先に立ち並んでいる。はじめはそのクリエイティブな作品群が何を意味しているのか分からなかった。その根底にミドリさんの建築のルーツが隠されているとも知らずに、私はただただ物珍しさから、それを眺めているにすぎなかった。

「わしは、かわいいものが好きでねー」

生まれ故郷がいつの間にか「ものづくり集落」になってしまったことを知らないミドリさんは、居間の棚に並べた動物の小物をことあるごとに手に取って眺めては、日々不敵な笑みを浮かべてひとり乙女心にひたっている。

北海道に雪が降りはじめる季節になって、カエルのかわいいイラストが描かれたバスケットにクッキーを詰めたハロウィーンの子供向け商品を手渡すと、ミドリさんは「あらー」とはしゃぐように喜んで、クッキーをその場ですべて平らげた。

「いらないものもらっても嬉《うれ》しくないけど、これならいい」

ミドリさんへのお土産に京都の八つ橋や奈良の葛餅《くずもち》を買って行ってもあまり喜ばれないことを、私はいつの間にか学習していた。ミドリさんはかわいいものが大好きで、変化していく北海道の景色と対照的に、いつまでも変わることのない稚気といってもいいようなものを持っていた。

ものごとの根底に隠れたものは、深く付き合わなければ見えてこない。それは〝ミドリさん〟というユーモアあふれるキャラクターをつくりあげた新潟村も同様であって、そこには現地で触れてみないことには知りえない、ミドリさんの感性の源となるたくさんの真実が隠されているはずである。

❖ 赤煉瓦の煙突が突き出た家

景色が雪で埋もれてしまう状況は避けようと、なんとか十月のうちに札幌を抜けてたどり着いた江別市は、街じゅうが赤煉瓦《れんが》であふれていた。赤煉瓦の生産量日本一を誇る江別には、煉瓦造りの歴史的な建造物が数多く残っている。

「なんでミドリになったんだか」

雪で真っ白に染まる十二月に新潟村で生まれたミドリさんは、かつて不思議そうにつぶやいていた。

「原生林のそばで生まれたからではなくて？」

「それもあるかもしれないねー」

そのときは当てずっぽうな発言にすぎなかったが、江別に来てみると、それは的《まと》を射ているようにも思われた。

江別の煉瓦産業の繁栄は、鉄道や海運によって札幌や小樽と容易に行き来できたことはもちろん、新潟村の背後に野幌原生林（現在は道立自然公園野幌森林公園）の広がる自然環境を抜きにしてはなかった。

煉瓦に最適な土を育み、燃料の薪が入手しやすいこの恵まれた環境に目を付けて、明治三十年代に入ると新潟村に二つの大工場が進出してきた。北海道炭鉱鉄道株式会社野幌煉瓦工場と舘脇煉瓦工場である。そこへ中小のいくつもの煉瓦工場が加わって、煉瓦を江別の主要産業へと押し上げていった。

そうなると、村での建築材料にも煉瓦が自然と取り入れられる。野幌原生林の恩恵にあずかって、江別は木材に煉瓦と、建築材料には事欠かなかった。ミドリさんの生活と原生林は切っても切れない関係にあったのである。

まずは情報を集めようと、屯田兵の村域をまわることにした。そこは屯田兵ゆかりの建物が点在し、観光名所になっている。

私は「屯田資料館」で知り合った、札幌から観光に来ていた中年夫婦と一緒に、昭和二十年築の煉瓦造りの住宅を活用した「ガラス工芸館」に立ち寄った。その屋根から赤煉瓦の煙突が突き出た外観を眺めていると、横にいた奥さんが、煙突に見入っている私に向かってこんなことを教えてくれた。

「家の中央にペチカ（暖炉）のある昔ながらの家でも、コンクリートの煙突が突き出ているのがほとんど。（ガラス工芸館のような）煉瓦造りのこれだけ立派な煙突は珍しい」

北海道の住宅に煙突はつきものだけれど、江別の昔ながらの住宅には、屋根から突き出た「赤煉瓦の煙突」がつきものなのである。

私はこの夫婦の車に同乗させてもらって、市内の郷土資料館へと向かうことになった。地図を持っていないので、車は勘だけを頼りに進んでいった。そろそろ近づいてきたのではないかというとき、遠くに見えてきたのは赤煉瓦の立派な煙突だった。

郷土資料館はきっと大きな建物だろうとの予測のもと、夫婦がとった行動は、カーナビならぬ煙突ナビである。「あれに間違いない」と赤煉瓦の煙突を目指して車を走らせること数分で、いとも簡単に郷土資料館にたどり着いてしまった。電信柱ならぬ煙突の威力を思い知った。

郷土資料館には、明治時代に盛んになった産業のコーナーが設けられている。そこで私の眼は一枚の写真に釘付《くぎづ》けになった。新潟村の広大な敷地に、煉瓦工場の登《のぼ》り窯《がま》が立っている。それはコンニャクを両端から中央へ力を加えたように、中軸へ向かってもっこりと浮き上がった建物の先から巨大な煙突が突き出して、もくもくと煙を吐き出している。盛り土をした地面を中央に据えて築き上げた巨大建造物で、火力を中央に集めて高温で煉瓦を焼き上げるためだという。

明治三十年代に新潟村に突如現れた二大煉瓦工場は、野幌駅からほど近い地域に存在していた。『新江別市史』には、この煉瓦工場について次のように記されている。

「両工場で職工、人夫など家族を含め約一千人を数えた。つまりは、野幌・殖民社内に

明治時代に造られた煉瓦工場の登り窯（写真は跡地の立て看板より）

煉瓦工場（職人長屋や共同風呂などを含め）という名の、異質の集落が生れたと思えばいい」

この「異質の集落」と同じような状況を、どこかで聞いたことがある。

新潟村での木村家は、家族に加えて敷地内に二十人ほどが生活していた。そこは唐紙屋、漆喰屋、大工などの職人の家が立ち並び、まるで職人集落のようだった。広い土地を利用して、ミドリさんの父が自宅敷地内を「異質な職人集落」にしてしまったのだ。屋根の中央から煙突の突き出た巨大な工場を中心に、敷地内に大規模な職人集落が形成される。登り窯の写真はまるで、木村家を拡大して投影しているかのようだった。

❖ 父の造った橋がバス停になった

ミドリさんは、新潟村のどの辺りで生活していたのだろうか。江別にいても入ってくるのは屯田兵の情報ばかりで、新潟村についてはまるで要塞集落でもあったかのように、手がかりがつかめなかった。入り口を煉瓦造りの頑丈な砦《とりで》に囲まれて、そのまわりを屯田兵という名の軍隊が取り囲み、目の前にあるのに中の様子がうかがい知れない、とでもいったように。

私は限られた情報を頼りに、ミドリさんの生活圏へと切り込んでいくことになった。

まず押さえておかなければならないこととして、ミドリさんの暮らした新潟村は、正式には「野幌《のっぽろ》」と呼ばれる地域を指している。

北越殖民社の働きかけによってはじめて北海道への入植を果たしたのは、明治十九年のことだった。越後国《えちごのくに》・新潟県南蒲原《みなみかんばら》郡からやって来たこのときの十一戸の移民たちは、江別駅南側の江別太《えべつぶと》という地域に入植し、そこを「越後村」と名付けた。新潟村ではなく、越後村である。新潟県の中でも南蒲原という限定された地域だったことに加えて、まだこの時代は新潟県よりも越後国の意識が強かったのだろう。

次に北越殖民社による集団移住で明治二十三年にやって来た新潟県民は、百二十九戸と規模が大きく、野幌駅南側の広大な土地を区割りして居を構えた。その後の移住者もこの野幌と呼ばれる地域に集約されるようになったため、いわゆるこの「野幌集落」が実質的に「越後村」としての役割を果たすようになったのである。

ミドリさんの母が両親と共に新潟県から移住して来たのは明治二十三年のことであり、ミドリさんもこの野幌駅南側の「野幌集落」で生まれ育った。ミドリさんによると、村人はここを「新潟村」や「越後村」と呼んでいたという。

野幌駅南側の新潟村——そこは広大な面積を誇る農村地帯で、民家が畑の中にぽつんぽつんとちらばった〝北海道らしい農園風景〟が果てしなく続いている。まっすぐな一本道の両側を区割りして開墾するというアメリカ式で、土地の狭い内地の農園風景とはスケールがまるで違っている。

ミドリさんによると、このまっすぐな一本道（広島街道）は、野幌駅のそばから広島村にかけて、坂の上へ向かって続いていくという。道路拡幅工事などの影響からか今ではほとんど傾斜を感じることはないが、「坂の上の真っ白な家」だった木村家は、駅から最も離れた広島村寄りの地域だったということになる。

ところが木村家がかつて暮らしたであろうこの村外れの地域は、江別で入手したどんな地図からも漏れている。それならばと、書店で江別市全域の地図を購入してワクワクしながら広げてみると、新潟村はまたしても途中で切れていた。そこから先は「至北広島」としか書かれていない。

私が探し求めているこの新潟村の外れの地域は、市内全域の地図にさえも載っていなかった。

ミドリさんが村を離れてから七十年以上が経っている。困難なことは、はじめから承知していた。私は、ミドリさんの話の中から手がかりになりそうなものを片っぱしから当たってみることにした。

まず、木村家の敷地内には小学校があったという。江別市内すべての小学校の歴史を調べてみると、野幌小学校にかつて分校があったことが明らかになった。さまざまな史料に、「明治三十八年　シブンベツ簡易教育場が川辺に開校」、「明治三十八年十二月志文別に簡易教育所を開所」などの記述が見られる。「シブンベツ簡易教育場」が野幌小学校に併合されたのは大正五年のことであり、大正二年生まれのミドリさんが物心ついた頃にはまだ存在し、小学校に上がる前に移動してしまったというミドリさんの証言ともつじつまが合っている。

どの史料にも志文別《しぶんべつ》以上の詳しい住所は書かれていないけれど、この教育場があった土地に、まさしくミドリさんの家があったのだろう。

さらに志文別には「林行橋」という名のバス停が存在している。そのバス停は、ミドリさんの父が造った林行橋から名前を取ったと考えて、ほぼ間違いなさそうだった。

こうして、ミドリさんの昔話から手がかりになりそうだと私なりに踏んでいた情報は、志文別へと集中していった。

志文別とは、道路を挟んで東野幌・西野幌と呼ばれる広大な地域の一部を指している。住所表記としては存在しないうえ、もちろんそこは江別市の地図にもない。私はこのとき志文別の範囲はおろか、そこがどんな場所なのかさえ、さっぱり見当がついていなかった。

とはいえ、バスに乗って「林行橋」で下車した界隈《かいわい》が志文別のはずである。とにかくそこへ行ってみることにした。

❖ 地図にない道を歩く

翌朝、駅前のバス乗り場に着いたときには「林行橋」へ向かう朝イチのバスはすでに発車していた。一日数本のバスしか通わない地域である。途方にくれていたら、殖民社のあった辺りまでバスで行って、あとはひたすら歩く方法を、バス乗り場にいた男性が教えてくれた。

こうして私は志文別へ向かって、果てしない一本道を何時間も歩き続けることになるのだが、結果としてこの無計画さが吉と転じて、木村家の暮らした土地へとたどり着くことになるのだった。

北越殖民社が本部を構えていた場所は、現在「殖民社」というバス停になっている。北越殖民社は新潟の有力者が集まって、新潟の農民を救済する目的で明治十九年に新潟県長岡市に設立された。その救済手段が北海道開拓であり、そうして築き上げられたのが新潟村である。新潟村の開拓は、木を伐採して開墾するところからはじめなければならなかった。住居は笹葺《ささぶ》きの掘っ立て小屋で、そこは深い雑木林の生い茂った灯りもない心細い場所だった。ミドリさんが生まれる頃までは、熊《くま》が畑をうろつくことも珍しくはなかったという。

「熊もずるい。まともに人を見ないで脇の下から人を見る」

そう言って、ミドリさんは熊のまねをして脇の下からじーっと顔をのぞかせた。間の抜けた熊のまねごとは見ていておもしろかったけれど、実際は熊に狙われたら命はない。かつての新潟村は、刀や銃を持たなければ生活できない危険な環境におかれていた。熊から身を守るため、玄関には石油缶を置いていた。それをたたくことで、熊が家に近づかないようにした。

ミドリさんの兄も小さい頃に、熊に寄って来られて危険な目に遭ったことがある。おじがあわてて撃ち殺してくれたために、ことなきを得たのだった。

「熊が来たら、こうもり（からかさ）広げて逃げるのがいい」

熊は目が悪く、自分よりも大きくて強そうな相手にまで襲いかかることはない。ミドリさんもそうやって、子供の頃から自分の身を守る方法を身につけていた。

北越殖民社の開拓事業は、困難を極めた北海道開拓の中で「典型的な成功例」として、または「本格移民の先駆け」として語られている。しかし、あまりの厳しさから、暮しの当てのない故郷・新潟へと再び戻っていく人が後を絶たなかったという。困難を極めたここまでの道のりを、「成功」という一言で片付けてしまうことには違和感を抱かずにはいられない。

「殖民社」のバス停から先、目の前には元新潟県民が汗水たらして開拓したミドリ色の農園風景が広がっている。目に映るものはほかに何もない。しかしその風景は、深い雑木林を農園へと変えた、村人たちの努力の結晶としての〝何もない風景〟なのである。

歩きはじめてから一時間以上が経ったところで、野幌神社にさしかかった。野幌神社は開墾の苦しさを少しでも和らげるために、野幌の地にはじめて新潟県民が入植した明治二十三年に創建された。神楽《かぐら》などの新潟の伝統文化が、今も残っているという。

神社の近くに古びた看板が立っていた。文字が剝げかけ、すっかり錆《さ》びきったその鉄看板に、住宅地図が描かれている。一軒一軒記された世帯主名もいつのものやらと、何気なく地図の中の志文別を眺めていると、なんとそこに「木村悠」という文字を見つけてしまった。

ミドリさんの父が林行橋を造った明治四十四年に野幌を視察に訪れた東宮殿下は、木村家の次男を悠《ひろし》と名付けた。いくら家族が次郎と呼ぼうと戸籍の力にはかなわず、住宅地図にもこうして悠と記されている。

木村悠という文字に喜びを感じながらも、冷静に考えれば彼が生まれたのは明治四十四年のことであり、とっくに亡くなったと聞いている。それでも訪ねてみる価値はあると思った。バスにも乗れなかった無計画さが功を奏した、思いがけない収穫だった。

看板に記載されている地図は、登満別《とまんべつ》と志文別を網羅している。その距離はおよそ六〜七キロといったところだろうか。一世帯の土地が広すぎて、隣の家へ行くのさえ時間がかかる地域である。それなのに、狭い一町内を示すように看板の中には住民の名前がびっしりと並び、土地のスケールを無視して何事もなくおさまっている。地図に載っているからといって、歩いて容易に探しあてられるほど甘くはなさそうだった。

誰一人いないまっすぐな道を、私とリスだけが歩いていた。

❖ 現れたのはお城のような古い家

とうとう「林行橋」のバス停が見えてきた。しかし、周辺にそれらしき橋は見当たらない。幾度もの架け替えでそれがどの橋だったのか、今となっては地元の人にも分からないようである。

ふと遠くへ目をやると、バス停の向こうの木々の間から、突出して大きな古い家が顔を出していた。

お城みたいで、メルヘンチックな家だと真っ先に思った。魔法をかけられたお姫様が城の中にいて、真《ま》っ暗闇《くらやみ》の中、木々に覆われた城に稲妻が光るような場面を連想させる家だった。

江別に数日間滞在して文化財指定を受けたいくつもの建物を見てきたけれど、これまでに見てきたどんな家も持ち合わせていない、そそられる魔力がこの家には潜んでいるようにも見えた。屯田兵の村を巡り、駅からバスで南下して、そこから新潟村を何時間も歩いてここまで来たなかでも、こんなに大きくてセンスのある家を見るのははじめてだった。

屋根の重なり合う美しさを一軒の家でここまで見事に表現できてしまうものなのだろうかと圧倒されながら、目を奪われるままに家のほうへと近づいていった。

この家は遠目に見た美人で終わることなく、近づくにつれて惹きつけられる。単純明快な美しさではなく、繊細で複雑な造形美。日本人のわびさびの心とでも言ったらいいのか、はかなく繊細な美しさがそなわった木造建築が、ここ新潟村という、決して注目されることのない片田舎にぽつんと立っている。

この家は江別じゅうのどんな文化財級の建物よりも、どんなにお金をかけた建物よりも、建築的な魅力があった。そしてこの〝そそられる感覚〟はまさに、ミドリさんの建築センスに私が惹きつけられた感覚と似かよっていて、その根底には何か同じものがあるように思われた。

この家は、ミドリさんに何か通じている。それどころか、これが木村家の親戚の家か、もしくは木村家と同じ設計者なり大工が手がけた家としか、どうしても思えなかった。

正面へまわると、さらなる衝撃が待ち受けていた。玄関にはなんと「武田」の表札が掲げてあった。武田といえば、ミドリさんの母方の姓である。裕福な家系で、どこで覚

新潟村で行き合った、お城のような古い家

えたのか家を建てるときには大工顔負けの才能を発揮したと、ミドリさんから聞いている。ミドリさんの話によって植えつけられた私の抱く武田家像と、今ここに立っている武田家は、イメージがぴたりと一致した。

家を見るだけでもミドリさんを連想してしまうのに、加えてその家には武田の表札が掲げてあり、すぐそこには「林行橋」のバス停までが存在している。私は、この家が「ミドリさんの母親の実家だ」と確信した。そして、その直感は見事に的中することになる。

八方にちらばった点でしかなかった新潟村とミドリさんの生活圏が、やっと線となって輪郭を帯びてきた。

❖ 非現実的な日めくりカレンダーと電子音

武田家がこのようなかたちで残っているとは思いもしなかった私は、この気持ちをぶつける相手を探すように、携帯電話から平塚のミドリさんの家の黒電話を鳴らしていた。着信音が一回も鳴らないうちに、ありえない速さでミドリさんは受話器を取った。

今日のミドリさんは機嫌がいい。「あんた今どこにいるの?」と嬉しそうな第一声が耳に飛び込んできた。ミドリさんは私が北海道にいるなんて思いもしない。順を追って説明したかったが、最初から的を射るような質問を投げかけられたら、ずばっと言ってしまうしかない。

「北海道に来てるんです」

「無駄なカネは使わないように」

ミドリさんの返しは速い。即座にたしなめられた。

郵便ポストに記されている武田さんの名前を挙げて、知っているか尋ねると、親戚でそんな名前の人は知らないという。後から分かったこととして、私が挙げた名前はミドリさんのいとこの孫であって、親戚としては遠すぎた。ミドリさんが知らないのも当然だった。

「せっかく電話してくれたのに、力になれなくてごめんね」

皮肉っぽい癖のある調子でこう言ったかと思えば、用件さえすめばミドリさんの話の切り上げ方はサバサバしている。

「風邪ひかないうちに帰ってくるんだよー」

そう締めくくって、あっさり電話は切れた。結局、ミドリさんからはこの家が何なのか確かめることはできなかったが、すでに私はこの家がミドリさんの親戚の家であると確信していた。ミドリさんの親戚でなきゃ誰なんだ、こんな建築センスの持ち主は……。その気持ちに迷いはなかった。

しかし冷静になってこの武田家を見渡すと、そこは廃墟に近かった。乗り捨てたような車何台かが入り口をふさいでいる。

ぐるりと一周してみると、敷地内の全体像が見えてきた。今立っている家に加えて、元々はもっとたくさんの建物が敷地内に立っていたようだ。残骸と化した大量の木材が、無残に家の横に転がっている。歩く場所は朽ち果てた木材の上しかない。そこには、ほとんど鉄の部分だけが残った自転車、古びた木のスキー板などが紛れ込んでいる。そばには石でできた五重塔、壁には藤の家紋を施した水色の建具が立て掛けてあった。

その先にも建物があったのだろう。赤煉瓦の立派な土台だけが残っている。今立っている家も土台は赤煉瓦である。その上に木造の小屋組みをしていて、板張りに漆喰を塗り込めている。屋根は銅板の菱葺《ひしぶ》きで、中央には赤煉瓦の煙突が突き出ている。

江別で木造や銅板葺きの建物はいくつも見かけたけれど、漆喰塗りや銅板を菱形に葺いた菱葺きを見るのははじめてだった。赤煉瓦や板張りといった北海道らしい手法を取り入れつつも、漆喰や「菱葺き」といった新潟らしさをのぞかせる建築手法もこの家はしっかりと継承している。

建物は一部吹きさらしになっていたが、他の部屋は戸締まりが厳重だった。しかし裏へまわると、カーテンが開いて室内の見える部屋がある。中を覗いてまずとっさに、漆喰を塗り込めた白壁のきれいさに驚いた。床はこれ以上ないほどに傾き朽ち果てていて、板が抜けかけているのを畳ふうのじゅうたんでかろうじて支えている。

それなのに、不思議なくらいに生活感があった。服や帽子が干してあり、食卓にはコーヒーカップやインスタントコーヒーなどが使いやすいように置かれている。朽ちた家であることを考えずにもう一度見渡すと、ここはついさっきまで人が生活していたような、時間が止まったような雰囲気が漂っている。朽ちた建物と生活用品のミスマッチ。ここまで生活感を残したまま空き家になる家があるだろうかと、不思議に思った。

すると、壁に日めくりカレンダーが掛かっているのが目についた。それを見て「えっ、昨日の日付？」と思わず声を上げずにはいられなかった。そんなはずはない。こんな朽ちた家ではとてもじゃないが生活できない。そっと歩いただけでも床が抜けてしまいそうなのだ。

「たまたま昨日の日付と同じだっただけだ」と思い直してもう一度、目をこらして日めくりカレンダーを見つめてみた。やはり、昨日と日付も曜日も合っていた。昨日誰かが、日めくりカレンダーをめくっているのだ。

不意をつかれたその瞬間、ピッピーと電子音が鳴った。部屋の中で今、ファックスが届いたのだ。

——えっ、どういうこと？

電子音によって今までの思い込みは一気に吹き飛ばされた。今も、ここには人の出入りがあるらしい。廃屋だと思って疑いもしなかったのに。こんなに傾いた家で生活できるものだろうかと、ますます頭が混乱してきた。

今もこの家が機能していると知って、あわてて表へまわった。電気メーターが回っている。空き家だと思い込んで家のまわりをぐるぐるまわり、敷地内でミドリさんに電話をかけて大声でおしゃべりし、部屋の中まで覗いてしまった。

横には畑が広がっている。休憩所としてこの家を使っているのだろうかと考えつつ、そそくさとその場をあとにした。

❖ 新聞記事になった蜂事件

私が「林行橋」のバス停近くで武田家を見つけることができたのは、これから起きる出来事のあくまで序章にすぎなかった。一度うまい具合に歯車が嚙《か》み合うと、あとは不思議なくらいに加速度を増して物事がつながっていった。

神社の近くで見つけた古びた住宅看板の、「木村悠」という文字の書かれたその位置から見当をつけた限り、木村家はどうやら「林行橋」の近くにあるらしかった。この辺りのはずと踏んだ家には、表札が見当たらない。近くの畑で農作業をしている男女三人組の姿が見えたので、尋ねてみることにした。

「すみません、シブンベツの木村ヒロシさんのお宅はどこですか」

声に出してみると、あらためて、地図にも住所表記にもない志文別という地名に加えて、すでにいないはずの木村悠さんの読み方まで知っている自分の不可思議な知識に妙な感覚をおぼえてしまった。そんな私の気持ちとは裏腹に、ここにいる誰一人、見ず知らずの訪問者の質問にこれっぽっちの違和感も抱いていないようだった。三人はそれぞれが同じように「木村さんはすでにいない」ことを丁寧に説明してくれた。

みんなが同時にしゃべるので、私は手前にいる女性の話に耳を傾けることにしたのだが、先ほどの表札が見当たらなかった家を指さしながら、奥の男性が放った一言だけは聞き逃さなかった。

「自分の住んでいる家が、木村さんの住んでたところだ」

この男性は、高橋さんという。二十年ほど前に木村家が引っ越して行った後、入れ替わりでこの土地にやって来た。

昭和十八年生まれの高橋さんが物心ついた頃には、すでにミドリさんは結婚して札幌に住んでいたはずである。とはいえ、念のために「木村ミドリさん、知っていますか」と聞いてみると、意外にも知っているという。もちろん一度も会ったことはない。木村ミドリという人が昔いたと、話で聞いて知っているというのだ。

高橋さんは、この土地に引っ越して来る前から木村家のことを知っていた。親戚とかそういうのではなくて、「同じ集落だから知っている」のだという。木村家は「ここいらでは裕福」で、立派な家だった。職人を住まわせていたことは知らないけれど、戦後まもない頃まで鍛冶屋《かじや》が敷地内にいたのは知っている。昔ここに分教場（分校）があったらしいと、ある場所を指さした。「シブンベツ簡易教育場が川辺に開校」という史料の中の話が、今ここでつながった。そして、その川辺のどこかにミドリさんの父が造った林行橋が架かっていたのだろう。

先ほど見てきた武田家に、ミドリさんとのつながりはあるのだろうか。高橋さんは木村家の親戚関係についても詳しかった。あの家は、ミドリさんの母方の家だと教えてくれた。武田家を見たときの直感は、見事に当たった。

その家に住んでいたミドリさんのいとこの武田武《たけし》さんは市議会議員をしていて、地元では名の知れた存在だった。そして武田武さんについて私はミドリさんから、十数年前に庭先で蜂《はち》に刺されて亡くなったと聞かされていた。親戚から新聞の切り抜きが送られてきて、武さんの死を知ったという。実はこの話を、最初に新潟村の解説をしてくれた郷土資料館の学芸員にも知っているかと尋ねたのだが、知らないの一言で終わってしまっていた。「元市議会議員が蜂に刺されて死亡」なんて地元では話題性がありそうだと思っていたのに、実際はそうでもなかったのかなと思いつつ、そのまま頭の片隅に追いやられていた。

しかし、ここは新潟村である。会ったこともないミドリさんのことを村人が知っているくらいだから、何で話がつながるか分からない。蜂の事件に「そうそう」と高橋さんは頷《うなず》いた。新聞のちょっとした記事になったくらいで、江別でも大きなニュースにはならなかったという。郷土資料館のあった駅の北側は屯田兵の区域であって、やはり新潟村の中での出来事は新潟村の人たちの記憶に残る（その後の武田家子孫の証言によると、この年放送が始まったテレビ朝日の「ニュースステーション」にて、エンディングの「今日一日の出来事」として、「北海道老人ハチに刺されて死ぬ」の文字が流れたという）。

高橋さんが暮らすこの土地には、かつて木村家が暮らしていた。回転扉をそなえた「からくり屋敷」だったとミドリさんの語るその家はすでに取り壊されて、往時の様子を見ることはできない。

木村家の中でこの土地に最後まで住んでいたのは、悠さんだった。さらに悠さんの奥さんはまだ健在で、聞けば屯田兵村の区域に住んでいるという。農作業中の女性二人も奥さんに話を聞くのがいいと言って頷いている。高橋さんのお宅におじゃまして、その奥さんの住む場所を教えてもらった。

❖ 親戚の村人と出会う

高橋さんは、私が先ほど見てきたミドリさんの母親の実家である武田家のことを、本家ではなく大本家だと言った。「それだけ武田家がすごかった」のだと説明する。生活苦から逃れるために新潟へ帰って行く住民が絶えなかったこの村で、瞬く間に分家を増やしていった武田家は、この地でしっかりと財力を築き上げた一目置くべき存在だったのだろう。

それらのミドリさんの親戚の中で、昔からの建物が残っているのはこの大本家の武田家のみである。そこは築百年くらいだと誰もが口を揃える。築百年もの民家は、村内にはほとんど残っていない。ましてや、この家は規模が違う。「築百年の大きな民家」というだけでも十分に価値があるのに、さらにそれが夢にまで見た武田家なのだから、この確率は奇跡としかいいようがない。

家こそ建て替えられているものの、大本家から分家した武田家はまだ数世帯、この近くで生活しているという。かつて木村家の土地だった高橋さんのお宅から数軒先にも、二軒続けて武田家があるという。

バスの時間まであと一時間ほどあるので、その武田家まで行ってみることにした。数軒先と聞くと近くのようだが、実際に一軒一軒数えながら歩いて行くとかなりの距離がある。武田家の前までたどり着いたときには、一時間近く経過していた。最寄りのバス停も「林行橋」からその次の「西野幌郵便局前」となっている。ご近所という距離感が、都会とはまるで違っている。

「西野幌郵便局前」というバス停の近くで畑を耕しているお爺さんがいたので、声をかけてみた。するとこの男性は自分のことを「武田」と名乗った。まさしく彼こそ、ミドリさんの親戚の武田さんである。この男性は養子で武田家にやって来たので、木村家のことをよく知らない。木村ソヨさんなら知っていると言って、ミドリさんの母親の名前を挙げた。

「武田っていったら、ここらへんではけっこう有名なんだよ」

高橋さんも同じことを言っていた。そりゃあ、そうだろう。ミドリさんからも、武田家の偉大さを今までさんざん聞かされてきた。そして私自身、「林行橋」のバス停近くで大本家の武田家を目のあたりにしたとき、心の底から感動した。

武田さんは、「ここらへんで聞いて歩けばいい。いろいろ分かると思う」とアドバイスしてくれた。しかし、バスがもうすぐそばまで近づいていた。この武田さんはのちに、武田家と木村家がこれほどまでに建築にこだわるわけを知る手がかりを与えてくれることになるのだが、このときは木村悠さんの奥さんに話を聞くということしか頭になく、武田さんと別れてバスに飛び乗った。

ミドリさんの兄の奥さんが北海道でまだ生きているというのは、ミドリさんの話で聞いてはいた。しかしどこに住んでいるのかはおろか、電話番号さえ知らないとミドリさんは言った。私は彼女にどうしても会いたかったが、ミドリさんは彼女のことを「腰が曲がって歩くのがおっくうで、耳が遠くて周りともコミュニケーションできないから話すのは無理だ」と断言していた。お互いに高齢で、長いこと会っていない。たまに本人から電話がかかってくるが、耳が遠いために会話は一方通行で、娘さんが主体となって話すのだという。結局、悠さんの奥さんと話してみたいという思いは諦めかけていた。

それが、会いに行けることになってしまった。どこまでミドリさんのことを知っているだろうか。新潟村で暮らしていた家のことは覚えているだろうか。何を知っていて、どんな話をしてくれるだろうか。まず、必ず知っていそうな話からしてみよう……。バスの中で、必死に質問事項を練ってみた。聞きたいことは山ほどあった。緊張と興奮で胸が高鳴っていた。

❖ 義姉へのインタビュー

地図もなしに住所だけで迷わずたどり着けてしまうほど、分かりやすい場所に木村家はあった。娘さんの住む新築の一軒家、その奥に彼女の住む一軒家、さらに横にはアパートまで所有している。木村一族は揃って、賃貸経営に乗り出している。これがまた不思議でもあり、木村家らしい。

最初はどの家を訪ねたらいいのか分からず、とりあえず娘さんが住んでいると思われる唯一表札のあった家のインターフォンを押してみた。すると、家の中から出てきたのはなぜかお婆さんだった。彼女こそが悠さんの妻の木村ハルエさんである。表札は娘さんの名前になっているけれど、この家にはハルエさんが住んでいる。家を取り替えたのだという。

ハルエさんは、このとき九十歳だった。耳が遠いことはミドリさんから聞かされていたので、第一声から大声で話しかけたら会話はきちんと成り立った。

それにしても、木村ミドリという名前の威力は本当に計り知れない。ミドリさんの名前を出して、簡単な自己紹介をして、家の中に入れてもらうことができた。

木村家では戦死した長男に代わって、次男の悠さんが家を継ぐことになった。そんな悠さんのもとへ嫁に来たのがハルエさんである。昭和十二年三月十五日のことだった。

「大きなうちでしたよー。掃除をするのに苦労しましたわ」

感情たっぷりにハルエさんは言った。そんな大きな家は田舎ではほかになかった。それも南幌《なんぽろ》出身のハルエさんは木村家のことを嫁に来るまで知らなかったのだから、嫁に来たときの驚きは並大抵なものではなかったようだ。「こんな広いうちをまかなっていくのか。しまった、来るんじゃなかった」と後悔したのだという。

玄関は客用、小作人用、家族用の三つ。馬を飼っていて、家の中から厩《うまや》（馬小屋）へとつながっていた。当時は、厩のある家は新潟村で木村家くらいだったようだ。

何部屋くらいあったのですかと聞いてみると、「十二畳に十畳に八畳に六畳に……」と数えだして、結局、何部屋あったのか分からない。それだけでも十分に、家の広さが伝わってくる。居間はとにかく大きくて、ナガシ（台所）も広かったという。

「朝起きて拭き掃除するのも、今ならまねもできませんわ」

ハルエさんは、木村家の家の広さを身に染みて知っていた。しかしミドリさんが家の中にあったと証言する回転扉については、「あったのかもしれないけど、この歳だから忘れたのかも」とどっちつかずな回答だった。こんなインパクトのあるものを忘れるわけがないと思うのだが、これればかりはしかたがない。

当時、木村家では悠さんの兄弟姉妹が大勢一緒に暮らしていた。しかしハルエさんが嫁に来たときにはすでにミドリさんは嫁に行って札幌に住んでいたから、二人が一緒に暮らしたことはない。ミドリさんには、その頃すでに子供がいた。

ミドリさんの夫についてはよく知らないが、ミドリさんはよく家に遊びに来た。歳も近い。遊びに来ると一緒におしゃべりをして楽しんだ。とはいっても、話すのはミドリさんが主体で、ハルエさんはひたすら聞き役だったという。

「あの人はトンチがいいねー」

そんなミドリさんに魅《み》せられて、私もはるばる江別までやって来てしまったのだ。木村家はみんな器用で、その血に違《たが》わずミドリさんも器用だった。どういうところがと問うと、「すべてにおいて」と言う。ミドリさんは当時の女性としては珍しく、自転車にも乗っていた。

「できぶつだね」

出来物か。この一言にミドリさんのすべてが込められる。むしろ「出来仏」として信仰の対象にしてしまいたいくらい、ミドリさんは才能にあふれていると、つくづく思う。

木村家は、笑いの絶えない家族だった。悠さんは家族から次郎と呼ばれていたのかと聞いてみると、「そうそう、なぜだかみんなから次郎と呼ばれていた」と不思議そうにハルエさんは答えた。彼女は、悠さんが次郎と呼ばれていたわけを知らないのだ。

ハルエさんは夫の悠さんについて、「もの好き」という言葉で言い表す。悠さんはとにかく鍛冶仕事が好きでしょうがない。もの好きが高じて屋敷から離れたところに小屋を建てて、鍛冶職人を二人連れてきて、しまいには鍛冶屋をはじめてしまった。

「うちは農家なのに、何をやってるのか知らんけど、カコカコやると農家のことを忘れてる。こっちは草むしりしてるのに」

やはりハルエさんは、とんでもないところに嫁いでしまった。悠さんは鍛冶屋の仕事が楽しくてしょうがなくて、気づけば「なんか知らんけどカコカコやっている」というのだ。それで結局木村家は、代々続けてきた農業をやめてしまった。さすが木村家の跡取り息子だけのことはある。れっきとした、もの好きだ。

夏は鍛冶屋、冬の農閑期には造材屋をはじめた。原生林から大きな木を卸してもらって丸太にする仕事である。それを人を使ってやっていた。最後はとうとう造材屋一本になった。

聞いていると、いかにもミドリさんの兄だけのことはあると思ってしまう。ハルエさんから見て悠さんの両親は、どういう人だったのだろうか。「とてもいい人だった」という。しかし悠さんほど、もの好きではなかった。

「何しろ、農家一本でやってきたんだから。悠のように農家をやめて鍛冶屋になったりしなかった」

でも悠さんの父親も若い頃は相当もの好きだったようですよ、と言いたかったが、それを呑み込んだ。ハルエさんの語る悠さん像とミドリさんの語る父親像は重なるものがある。もの好きの血は父から子へと、しっかりバトンが引き継がれたようだ。

のちに村人から聞いた話によると、昭和三十年代後半に「悠さんは二～三カ月に一度、札幌から映画館の人を連れて来て、自宅の大きな納屋で映画を上映していた」という。

そんな悠さんとハルエさんの息子も、話を聞くと相当なもの好きらしい。息子は、とにかく歌が好きで仕方がない。「酒もしない、タバコもしない、麻雀《マージャン》もパチンコもしない、歌しかない」という入れ込みようで、ひまさえあれば、老人ホームへ慰問に行って歌を披露する。そして今日も、老人ホームへ歌いに行っているという。

❖ 殖民地図に記された真実

北海道を去る日、最後にもう一カ所寄りたい場所があった。札幌市内にある「北海道開拓の村」である。そこは明治・大正時代に北海道に建築された建造物を集めた野外博物館で、新潟村の民家も移築保存されている。さらにその民家の中には、野幌入植時の新潟村の住宅地図が展示してあると、江別市郷土資料館の学芸員が教えてくれた。

入場券を買って中へ入ると、そこには市街地や漁村などを再現した華やかな「北海道の風景」が広がっていた。

農村を再現した区域には、牧場でよく見かける腰折屋根の納屋や農産物などを収納するための筒状のサイロが立っている。両方とも新潟村のところどころで目にしていたが、このサイロが石造りなのに対して、新潟村のサイロは赤煉瓦で造られている。今でもそれは江別のシンボルとして、江別市には煉瓦造りのサイロを模したバス停などが至るところに立っている。

さらに奥へ進むと、旧菊田家が見えてきた。新潟県魚沼郡出身の菊田さんが明治二十六年に新潟村に建てた民家である。柱と柱の間の土壁を白漆喰で塗り込めた真壁造りで、新潟県で見たことのある民家とよく似ているが、裏へまわると柱の縦縞模様が強調された「柱ばかりの家」に様変わりする。

武田家の本家は昔ながらの新潟風の民家で、まさしく「柱ばかりの家」だったとミドリさんは言っていた。新潟は新潟でも地域によってつくりに差はあるものの、大まかに言えば、ミドリさんの話の中に登場する武田家は旧菊田家のような外観の民家だったようである。

北越殖民社による野幌への最初の本格的な入植は、明治二十三年五月のことだった。それから一年後の明治二十四年五月の「北越殖民社請地殖民図　野幌殖民番地姓名図」が旧菊田家の中に展示されている。全世帯主名が記された、当時の新潟村のいわゆる住宅地図である。

百七十八番地に「武田五六」の名前がある。そこは築百年の家が立ち、村人が大本家と称する、あの武田家の場所を指している。最も広島村寄りの、七番組と呼ばれる地域

柱ばかりの旧菊田家

であった。

ミドリさんの祖父である武田五六は、家族を連れて新潟からこの百七十八番地へと移住してきた。のちにミドリさんの母となる五六の娘ソヨは、当時二歳だった。「カネのなる木がある」と聞いて移住を決断したと言われているが、幼い子を連れての決断は私の想像をはるかに超える。

明治二十四年には新潟村のほとんどの土地が埋まっている中で、木村家の土地はまだ空欄になっている。木村万作を世帯主とする木村一家はそれから十四年後の明治三十八年に、武田家と同じ七番組に移住してきた。のちにミドリさんの父となる万作の息子一太郎は、当時十九歳だった。木村家は武田家と故郷新潟での村が近かったこともあり、近所付き合いは良好だったようだ。武田家への新年の挨拶《あいさつ》は、一太郎がいつも一番乗りだった。その礼儀正しさゆえに、一太郎は武田家から一目置かれる存在だった。その後、木村一太郎と武田ソヨは結婚し、ミドリさんが生まれた。

新潟村は、隣接する広島村から野幌駅へ向かって、ゆるやかな下り坂になっている。夜になると駅の向こう側の屯田兵村に灯りがともる。入植したばかりの頃、北越殖民社の中心人物だった関矢《せきや》孫左衛門は「あの灯りを見ろ」と言って村人を励ましたという逸話が残る。

最も坂の上にある七番組の武田家から坂の下へ向かって延びる広島街道沿いには、やがて五六の子供たちの家が立ち並んでいった。街道沿いの土地が居住者で埋め尽くされた目の前の地図から歳月を経て、武田家が街道に沿って分家を増やすことができたのは、新潟村を離れて行った村人が多かったということでもある。そんな状況の中で、武田家は着実にこの地に根を張っていったことがうかがえる。

ミドリさんによると武田家の本家は「柱ばかりの大きな家」で、そこからさらに坂を上ると「真っ白で大きな」木村家が見えてくるという。築百年ほどの武田五六の家は現地で見た限り「柱ばかりの家」ではないうえに、木村家からさらに坂を上った場所にあった。

実は武田五六の息子七蔵が結婚して居を構えた場所が「西野幌郵便局前」のバス停からバスに乗る直前に出会った武田さんのお宅であり、ミドリさんのいう本家の「柱ばかりの家」を指すらしい。武田五六の家から分家したのが母の兄弟にあたるこの武田七蔵の家であり、さらに七蔵の家から坂の下へ向かって武田家は分家しているため、五六の家が大本家なのに対して七蔵の家が本家と呼ばれるようになったということだ。

柱ばかりの本家には毎日、夕飯を食べに親戚が大勢集まっていた。だからミドリさんにとって、七蔵の暮らす本家は大本家以上に印象深い。その本家の近くにあるのが「西野幌郵便局前」というバス停である。そこでバスを降りても、郵便局があるわけではない。昔、武田七蔵が簡易郵便局をしていた名残りなのだという。六番組に「西野幌郵便局前」、七番組に「林行橋」と、バス停の名前を見ても、地域での武田家や木村家の力がうかがえる。

新潟村を歩いた後に殖民地図を見ていると、先祖から受け継がれてきた時の重みがずっしりと胸に響く。ここには、ミドリさんを育んだ数々の物語が詰まっている。

第三章

勇敢な女横綱、厨房に立つ

❖ りんごと軍隊の町

昭和八年、二十歳になったミドリさんは、結婚して札幌市月寒《つきさむ》で暮らしはじめた。このとき夫婦で新たにはじめたのが、りんご農園の経営だった。

この頃、「月寒りんご」の栽培は急速に増えていた。そのはじまりについて、『豊平《とよひら》町史』にはこう記されている。

「月寒に住む吉田徳太郎は、平岸（札幌のりんごの産地）に行った時『金の成る木を知っておるか』とたださされ『それはりんごの木だ』と教えられたので、大正元年に苗木を植えた」

武田家は北海道に「カネのなる木がある」と聞いて、新潟から大家族での移住を決断したと前述したが、実際に来てみたらそんなものはなかったという。しかし北海道に〝カネのなる木〟があるというのは、まったくのウソではなかったのだ。

ミドリさんの夫は特別よくできたりんごばかりを箱に詰めて、税務署長のところへ値段交渉に行くのが役目だった。だから夫は税務署長たちと仲良くしていて、税務署長はしょっちゅうミドリさんのところへ遊びにやって来た。税務署長が夜遅くなっても家に帰って来ないと、妻から真っ先に疑いをかけられて電話がかかってくるほどそれは日常茶飯事だった。

この期間、夫婦は二男一女の子宝に恵まれた。ミドリさんはいったいどんな子育てをしていたのだろうか。かねてからの疑問をぶつけてみると、その答えはあまりに予想外なものだった。

「軍人精神をモットーにしてた。だから子供たちは軍隊が好きでねー」

「えっ……？」

ミドリさんがまともな答えを返すわけがないことは分かっているつもりだったが、こう返ってくるとリアクションの取りようがない。

確かにミドリさんは自衛官や武道が好きだと以前から言っていたし、子供たちもその影響を多大に受けたようだ。とはいっても、まさか子育てで軍人精神がモットーだったとは……。どういうことだろうかと考えていたら、ミドリさんはさらなる一撃を加えてきた。

「ラッパが鳴るとともに起床して、ラッパが鳴るとともに就寝してた」

ますます分からなくなってきた。ミドリさんがラッパを吹いていたということなのだろうか。どこからかラッパの音が聴こえてきたということなのだろうか。

よくよく聞いていくうちに、その環境がやっと見えるようになってきた。

ミドリさんが暮らしていた札幌市月寒には「陸軍歩兵第二十五連隊」があって、木村家の裏には陸軍病院があった。だから、連隊の起床と就寝のラッパの音に木村家も従っていた、というのである。

月寒はりんごの町であり、同時に軍隊の町でもあった。


昭和十六年に太平洋戦争がはじまると、男性は次々と戦場に駆り出されていった。

「将校の宿舎はいい家でなければならない。これだけ大きな家はほかになかったから、うちは『借上官舎第一号』に指定されてた」

我が家の勲章を語るミドリさんは、いつにも増して誇らしげだ。月寒に新たに建てた家は大きな家だったので、「借上官舎第一号」に指定され、戦争がはじまると、新潟県村上出身の少佐が生活を共にすることになった。

軍の決まりで、少佐はいざというときにそなえて軍服を着たまま寝なければならなかった。ところが、ミドリさんに言わせると「新潟県民は素っ裸で寝る風習がある」そうで、一緒に暮らすことになった少佐はそれまで一度も服を着たまま寝たことがなかったのだという。毎日の激務で疲れているうえ、どうしても服を着たままでは寝られないか

戦時中、月寒のりんご農園にて

ら、身体がもたない。

新潟で本当にこのような風習があったのかどうかは知らないが、とにかく寝られず身体が弱っていくようではまずいと少佐も知恵を働かせたようで、「一週間遅く入隊したと思って、一週間だけ裸で寝させてください。それまでに必ず服を着て寝られるようにします」と軍に懇願したのだという。

少佐になっただけあり、彼は有言実行の人であった。努力のかいあって、一週間後には服を着たまま寝られるようになっていた。ところが今度は戦争が終わってみると、少佐は服を着ないと寝られない体質になっていたのさ……というミドリさんの話だ。

戦争は木村家にも大きな傷跡を残していった。戦地へ行ったミドリさんの兄弟のうち、兄一人と弟二人が帰らぬ人となった。ミドリさんは勝負事が大好きだったので、男兄弟とよく戦争ごっこをして遊んでいた。ミドリさんはいつも護衛役。

「兄弟から『おまえは背が高くて目立つから護衛だ』って言われて。だから棒持って、いつも突っ立ってた」

勇敢なミドリさんも、このときばかりは味方の足を引っぱらないように、護衛役をまっとうした。その兄弟たちが、本物の戦争で亡くなってしまった。お金が貰えるという話もあるけれど、受け取る気はない。

「死んだ人のカネを貰ってもしょうがない」

戦死した兄は医者で、弟の一人は馬専門の獣医をしていた。その兄の金一が陸軍病院の採用試験で面接を受けるとき、面接会場は三階にあった。「バカに長い階段だなー」と思って階段を数えながら三階まで上って行ったという。そうしたら面接官からの最初の質問は、なんと階段の数だった。兄が正しく答えると「そうか、よく数えたな」と感心されて、点数が一つプラスになった。

この話はつねにいろいろなことにアンテナを張っておけ、ということではなく、兄は息を切らして部屋に入るなり、「長い階段でしたね」と面接官に話しかけたのだという。だから、階段の数を質問された。運は待つのではなく、自分でつかむものなのだ。

兄は幸か不幸か陸軍病院に採用され、患者から慕われる名医になった。あと二日しか生きられないという容態の患者を診察したとき、「キンちゃん（金一）に診てもらえたなら、いつ死んでも悔いはない」と当の患者から感謝されたという。

戦争から戻って来たら、父の計らいで新潟村に兄と弟それぞれの病院を建てることになっていた。それが叶《かな》わなくなって、父は「医者になんてさせるんじゃなかった」と言って悔しがった。

ミドリさんの住むところには、いつも人が集まって来る。月寒の家も次々に同居人が現れて、それは賑《にぎ》やかだったという。

ある家族は入る家がないからと言って戦前にミドリさんのところへやって来て、部屋を間借りして暮らしはじめた。この佐藤という一家は二十代の若い夫婦と男性側の母と姉の四人家族で、唯一男性の三男《みつお》さんは教師をしていた。妻は漁師町で育ったが、三男さんも魚好きで、将来お店を持つ夢を持っていた。

「潮（海）に一日中浸かって魚を観察するほどの入れ込みようだった」

戦争が終わると佐藤一家はこの家を出ることになり、三男さんは教師を辞めて鮮魚店（食品店）をはじめた。人生どうなるか分からない。この鮮魚店はのちに佐藤水産株式会社として、ミドリさんが「北海道で一番の水産会社」と絶賛するほどの大企業に成長した。今では札幌駅前の本店をはじめ新千歳空港などいくつもの支店を展開し、加えてレストラン経営にまで事業を拡大している。

佐藤一家や少佐と入れ替わりで、今度は樺太《からふと》（サハリン）からいとこたち若者六人が引き揚げてきた。六人は北海道大学医学部の学生で、「入る家がないから」「なんとかなるだろう」とミドリさんのもとに突然やって来て、家賃も食事代も一切払わずに、卒業までこの家で一緒に暮らした。

その後全員が医者になったから、ミドリさんは身体に悪いところがあると彼らに診察をお願いした。「そう言われても、僕は耳鼻科専門だしな……」と断りかけられても、ミドリさんは引き下がらない。耳鼻科だろうと眼科だろうと、医者として基礎は全員が学ぶことを、戦死した兄を通じて知っている。相手もそれを悟って、「そういえば兄弟が医者だったよな」と言いながら診察してくれる。

佐藤水産の社長家族、新潟の少佐、北海道大学の医学生と、ミドリさんは家族同然に分け隔てなく接してきた。佐藤三男さんの息子が跡を継いで二代目社長になった今でも、ミドリさんのもとにはことあるごとに、佐藤水産から社長直々の立派な海産物が送られて来る。

❖ 建築好き夫婦の新たな挑戦

ミドリさんの夫となった人物は、本間吾市《ほんまごいち》といい六歳年上だった。彼は新潟県佐渡《さど》の出身であり、生家は「なかの湯」という銭湯を営んでいた。

生家の近くには石積み場があり、子供の頃に友だちと石を運んだ思い出があるという。また、間口が狭くて奥行きのある、俗にいう鰻《うなぎ》の寝床風の町家に住んでいたので、家の中で漁網を作ることができた。自立心が強く、小さい頃から網を作っては漁師に売り、こづかいを稼いでいた。家が細長いから網作りに向いているという発想がおもしろい。好奇心旺盛で、何でもやってみた。陸軍省の御用聞きをしていたこともあるそうだ。

彼のおばは、開拓団として新潟から北海道へやって来ていた。そのおばを頼って彼も十六歳のときに北海道へと海を渡った。そしてミドリさんと知り合い、二人は夫婦になるのである。

実はこの夫婦、夫の姓ではなく木村を名乗っていた。男性が婿養子にならない限り普通は男性の姓を名乗るものだが、二人ともどちらの姓になろうと特別なこだわりはなかったようで、なんとなく木村になったのだという。

「馬三頭分に値するくらいの石狩美人」を嫁に貰った親戚に、「今日のあんたは嫁さんより奇麗だ」と大勢の前で言わしめたことがあるというミドリさんである。そのときは不意な発言にまわりからドドっと笑いがおきたそうだが、ミドリさんは石狩美人に負けていない。

「女性はたいてい五〜六人の男から寄ってたかられるもん。（吾市は）いい男だから結婚したんだ」

そう自信たっぷりに断言してみせた。のちのちこの二人が数々の珍事を起こして名コンビぶりを発揮していくのだから、何か通じるものがあったのだろう。

昭和二十九年、関西ペイント株式会社東京事業所の求人広告が新聞に載った。関西ペイントといってもペンキ職人の求人ではない。会社の独身寮に夫婦で住み込みで働くという、いわゆる寮の管理人としての求人だった。

この頃、月寒のりんご農園の経営は思わしくなく、農地の転用が加速していた。募集を知った木村夫婦は、このチャンスに挑むことになった。

求人には予想以上の反響があったらしく、定員一組なのに対して、東京の面接会場には六十四組の夫婦が集まった。朝九時に集合がかかって、それから面接官同士でずっと「ああでもない、こうでもない」と話し合っている。待てども待てども進展する気配はない。

「なかなか決まらないし、腹は減る一方」

木村夫婦は「腹減った」とぶつくさ言いながら勝手に会場を抜け出して、ちゃっかり食事もすませてきた。いくら面接中であるとはいえ、腹が減っては戦《いくさ》はできない。面接突破も、まずは規則正しい食事からである。

そうこうしているうちに応募者は次々と帰されて、人数は減っていった。最後に二組までにしぼられて、やっと内定者が確定したときには夕方五時になっていた。六十四倍という倍率を勝ち抜いたのはなんと、木村夫婦であった。

それまでには窮地に陥る場面もあった。腹ごしらえはしっかりしたから、腹が減って戦（面接）ができなかったわけではない。残り二組になったときに、戸籍謄本を一週間以内に取れるかという条件が課せられたのだ。しかし今から北海道へ戻って、書類を準備して連帯保証人にサインしてもらってから東京に書類を提出するとなると、急いでも一週間以上はかかってしまう。どうやっても間に合わない。

明らかに木村夫婦に不利な課題だったが、ここで救いの手が差し伸べられた。ある課長が木村夫婦に「俺が戸籍謄本を取ってやる」と言って名乗り出てくれたのだった。その課長はもう一組の夫婦よりも、木村夫婦に入社してもらいたかったのだ。

「これには助かった」

こうして木村夫婦はめでたく関西ペイントの社員に採用されたのだった。「運良く引っかかった」だけだとミドリさんはいたって冷静なのだが、判定基準は何だったのか。

昔から、「旅に出たら衣装、土地に来たら家」と言われていた。知り合いの家具屋は、店には「一装用（一番立派な服装）でいらっしゃい」と何度も言っていた。その教えから、「人は着るものにやられる」と学んでいた。勝負するとき「人に負けるだけの着物は着ない」というのが木村夫婦の考え方だ。

だから当然、選考会場には一装用で行った。一番上等な着物を着て、きつねの襟巻きを持っていたので、それも首に巻いてコーディネートしたという。面接会場にきつねの襟巻きとは。私は思わず吹き出してしまった。

ミドリさんは、茶箱に入ったきつねの襟巻き「銀黒狐《ぎんこつこ》」をたまたま持っていた。二十歳で嫁に行くときに、一生ものだからと大金を出し、買ってもらったのだという。さすが、木村家のやることだ。

夫も、ミドリさんの夫だけのことはある。「黒い背広はお葬式みたいでダメ。柄の背広でなくては」ということで、ヘリンボーンの背広をセレクトして面接に挑んだ。

ミドリさんの面接論は続く。

「派手すぎるのはダメ。惚れた針金（男性）に見せるときはいいけど、そんな服でやってはいけない。地味でもダメ。やぼったい服もダメ。髪は長からず短からず。長い髪で料理を作ると衛生上悪い」

つまり目立つ服装だけでは通用しない。独身寮では料理も作らないといけないから、料理を作るときの姿勢が服装や態度に表れていないといけないのだという。

それにしても百二十八人が集まると、実にいろいろな人がいた。芸者みたいな格好をして来た人もいて、まるでお嫁に行くかのようだった。面接官たちはきっと、「あの芸者はうちに対抗していますよ。あの白粉《おしろい》は関西ペイントの塗料ではないはずです」などと言って、百二十八人のファッションチェックをしつつ、熱い議論を繰り広げていたに違いない。

面接は態度である。

「怖《お》じけづいていてはダメ。聞かれたら最後まで濁さずに返事をする。はっきりしゃべると相手は自分を見てくれる。勝負ごとでは必ず目を見る。目をそらしたら負け……」

と、ミドリさんの話は、まるで就職活動の指導みたいだ。

選んでくれた面接官とは、今でもお付き合いが続いている。

「戸籍謄本を取る手助けをしてくれた課長には、仕事を辞めたときに大きな鷹を送って別れた。喜んでたよ」

生きた鷹ではなく、もちろん剝製の鷹であることを、念のために付け加えておく。

❖ 調理師として第二の人生を歩む

関西ペイントに就職したとき、二人はすでに四十代になっていた。ミドリさんの話は愉快だが、この年齢で心機一転、東京での就職は一大決心だったに違いない。

塗料メーカーとして国内トップシェアを誇る関西ペイントは、建築好きな夫婦にとっては最高の職場であった。独身寮が職場だから、直接建築に関われるわけではないけれど、世界を股にかける大企業だけに、独身寮にはそうそうたる歴史上の人物の子孫たちが何人もいて、東大出身などの高学歴者が多かったという。定年後の第二の人生を、芸術家として活躍している人もいる。

なかでもミドリさんの自慢は、独身寮の建物の大きさである。独身寮の規模は当時、一番が野村證券、次に関西ペイントと言われるほど大きかったという。四階建ての立派な建物で、そこに夫婦は住むことになった。

木村夫婦の仕事内容は、夫が管理人でミドリさんが調理担当だった。寮生の食事を、朝晩合わせて一日に百食作る。はじめは調理師免許なしで仕事をしていたが、年を追うごとにだんだん世間がやかましくなってきた。とうとう調理師には免許が必要になったので、昭和三十六年にミドリさんは調理師の資格を取ることになった。

人一倍負けん気の強いミドリさんは、一人勉強に励んで試験に挑んだ。受からないと自分では思っていたけど、ミドリさんは勝負強い。やるからには、とことんやる。本人の予想に反して、たった一回で受かってしまった。試験会場となった大学の講堂につめかけた大勢の受験者の中で、合格できた人はごくわずかだったという。

「まだ四十代で若かった」

そうあっさり言うけれど、試験会場にはミドリさんよりひと回りもふた回りも若い人ばかりが集まっていた。それに、同僚で試験を受けたのはミドリさんだけだった。みんな「落ちたら恥ずかしいから行かない」と言う。

「落ちたらまた受ければいいじゃないか。クビになったらなお恥ずかしい」

そして試験に出る野菜の切り方を引き合いに出して、ミドリさんはみんなを励ます。

「野菜が大きければ嚙めばいいんだから、どってことない」

それでも誰も試験を受けない。「他の独身寮の職員はみんな試験に落ち続けて、免許を持った派遣社員を入れて対応している」だとか、「それでも食中毒になった」だとか、寮にはいろいろな噂《うわさ》が流れてきた。

ミドリさんは「どうやったらそんなに食中毒を起こすのか」と首をかしげる。兄が医者だったから、衛生面の注意は大体知っていた。それに手洗いさえきちんとすれば、調理師免許を持っていなくても食中毒は防げるものだ。

寮での調理師免許取得者はミドリさんだけだったから、仕事は優遇されていた。指導権もミドリさんが持つ。だから、ミドリさんは手洗いを徹底させた。手洗いの方法を語りだすと、ミドリさんの話は長い。特別な方法でも何でもなく、ただ丹念に洗うだけのことなのだが、それだけ衛生面には気を配っていたことがうかがえる。

職場には毎年、調理専門の社員が入社してきた。採用者が決まった後で、担当者はミドリさんのところへ相談に来る。

「へんなのいないか」

「いるよ。あれは半年で辞めるわ」

ミドリさんの予言は的中する。ミドリさんのほうが面接官としての才能がありそうだから、相談なんかしてないで採用を任せてしまえばいいのにと思ってしまう。

調理担当の社員をミドリさんが自分で雇ってくることもあった。妹の住む新潟に一人で行って、いい人を選んで連れて帰って来るのだという。給料がいいから、誘えばみんな喜んで来てくれた。ずいぶん大胆な引き抜きである。のちに家を建てるときの大工選

木村夫婦、関西ペイントの寮の前で

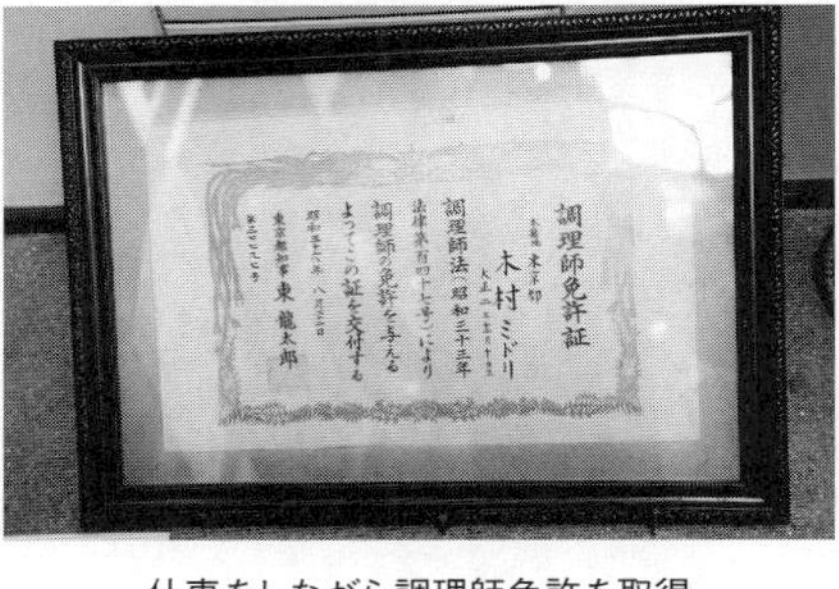

仕事をしながら調理師免許を取得

びでも、ミドリさんはとことんこの方法を貫いている。

❖ 六羽のニワトリで料理の腕を磨く

調理師免許を取得する一年前から十三年もの間、ミドリさんは自由が丘の料理学校に通っていた。料理が好きなのだとあっさり言ってのけるが、ミドリさんの頑張りは相当なものだ。

料理学校は三年制である。しかしミドリさんは三年間きっちり料理を学んだ後も、「先生なしでいいから来たい」と言って十三年間料理学校へと通い続けた。しかも本来は週に三回通えばいいのだが、みんなと同じ授業料でミドリさんだけ毎日通った。必ず誰かしら休む人がいるから、その空きにもぐり込むのだ。

授業は九時から三時までだった。階段状の大教室で講義をしてから調理をはじめる日もあれば、最初から調理にとりかかる日もあった。

まわりの若者と違って、ミドリさんには仕事がある。寮生の朝食を作って他の職員に指示を出してから学校へ行き、授業が終わるとすぐに寮へ戻って、夕方四時には夕食の準備にとりかかった。それが終わると、翌日の寮の献立を考える。

寮の調理場の責任者という立場でありながら、同時に料理学校にも通い続ける。それだけでも感心するのに、ミドリさんは授業がはじまる前から学校へ行って、研《と》ぎものまで学んでいた。

料理学校は魚菜《ぎょさい》学園という。魚料理が専門かと思いきや、田村魚菜という人がつくった学校だから魚菜学園なのだという。私は知らなかったが、田村魚菜の名で学園長のほかテレビ出演や本の出版などで活躍していた。

「ただし本名は宗吉といった」

宗吉改め田村魚菜先生は、「いい人だけど融通がきかない人」だった。漁師として厳しく育てられて、一人前の料理人にまでのぼりつめた人である。ムチで叩かれてしつけられた手の甲の傷跡が苦労を物語っていた。

彼は料理学校をやると強く決意したものの、当然、銀行はお金を貸してくれない。それでも彼はあきらめずに、ある行動に打って出た。

「銀行に大きな魚と量《はか》りを持ち込んで、一グラムも違わずに魚をさばいてみせて、料理の腕を証明してみせた」

そうやってお金を借りたのだと、ミドリさんは先生から聞かされている。

先生は苦労して料理人になった経歴の持ち主だけに、料理の腕は群を抜いていた。両手で抱えるほどの大きな魚を均等に切り分ける。魚の切り方が一グラム違うだけで包丁を折ってしまうくらい、自分に厳しい。

だから先生が魚を切るとなると、場の空気が一変する。生徒たちは先生を取り囲み、誰もが緊張のまなざしで一点を見つめる。一切れ切っていくたびに、「はーっ」「はーーっ」と生徒から深いため息がもれていた。切り身は、一グラムも狂うことがなかった。ミドリさんが十三年間毎日通って学んだことは、料理の技よりも何よりも「人間、カンが一番!!」ということだった。

調理は、六人ずつのグループに分かれて行われる。ミドリさんはエプロンを忘れると、風呂敷を巻いてごまかした。そうすると「エプロン忘れたな」と言って先生が背中を小突いてくる。

生徒は、就職する前の若者ばかりである。風呂敷を巻いた歳の離れたミドリさんを見て学生たちは何を感じていたのだろうか。ミドリさんに言わせると、若者たちとはうまくいっていたそうだ。

「ずっと若者ばかりとやっていたから、若者のことがよく分かる」

あるときは、ニワトリを一羽ずつ渡されて、ローストチキンのつくり方を教わった。しかし、ミドリさんのほかはみんな若者たちである。同じグループの五人はニワトリが気持ち悪いと言って、材料費だけ払って「あとはよろしくね」とミドリさんに言い残したまま遊びに行ってしまった。

ニワトリ六羽とミドリさん一人だけが残された。しかし、それくらいのことに動じるミドリさんではない。一人で六人分のローストチキンをつくりはじめた。

「羽を取って、腹を切って、内臓を取り除いて、野菜を詰めて、腹を縫って焼く……」

それを六回繰り返す。だから六人分習得できる。

「いくら馬鹿でも六人分やれば覚えられる。ウマかろうと、シカだろうと、関係ない」

生徒が抜け出したことを誰も何も言わないけれど、先生だって当然知っているから
「木村さん、これだけやれば覚えましたね」と声をかけてくれる。習得できたうえに、六羽すべて自分のものだ。一羽はその場で食べてしまって、五羽は家に持って帰った。

五羽のニワトリとミドリさんを見た夫は「なんでこんなに貰えたんだ」と嬉しそうにしている。

「貰ったんじゃなくて、逃げたんだよ」

「毎日こんなんだったらいいのに」と夫は大喜びして、ニワトリは二人ですべて平らげた。そのうえ、次の授業のときは逃げた生徒が「この前はアリガトね」と言ってお菓子まで持ってきてくれる。

「これだけいいことはない」

ローストチキンの実習は、ニワトリの数だけミドリさんに幸福をもたらしてくれたのだった。

料理学校では、日本料理、西洋料理、中華料理、お菓子などを習った。西洋料理なら帝国ホテルの料理人など、一流の先生が揃っていた。調理だけではなく、テーブルマナーを学ぶためにいろいろなところへコース料理を食べに連れて行ってもらうこともあった。

「洋食にはフォークやナイフが付いてくるけど、無理にそれを使うことはない」

ミドリさんは自信満々に断言してきた。ではどうやって食べるのかというと、従業員を呼んで箸《はし》をもらって食べるのだという。

「へたに普段と違う食べ方をして失敗するよりも、はじめから箸を使って食べたほうがいい。これはやっていいと教わった」

だからみんなそうしていたし、ミドリさんは今もそうしているという。せっかくテーブルマナーを学んだのであれば、かっこよくナイフとフォークを使いこなしてみてもいいのにと、思ってしまうのだが。

各国の料理をマスターしたなかでミドリさんが一番好きなのは、中華料理だ。中華料理といっても餃子《ギョーザ》や春巻きではなくて、先ほど挙げたローストチキンが好きなのだという。ローストチキンは西洋料理ではないのだろうか。

中華料理だと自信を持って言うミドリさんを目の前にして、「料理の分類は分からなくたっていい。肝心なのは学問上の知識じゃなくて、実際に調理ができるかどうかだ」と思えてくる。野菜が大きければ、噛めばいい。ナイフとフォークがうまく使えなければ、箸を使えばいい。それと同じことである。ローストチキンが西洋料理だろうと中華料理と思い込もうと、完成した料理は同じローストチキンなのである。

ミドリさんは寮生の朝晩二回の献立を長年、ひたすら考え続けてきた。似かよったメニューが続かないように工夫をする。寮生のために料理の腕を磨いて品数を増やしていたのだ。仕事としてだけではなく、きちんと寮生に愛情を注ぐ。それでも、ミドリさんの好きな西洋料理や「中華料理のローストチキン」を食卓に出しても寮生には不評だったという。寮生は親元を離れているから、和食が喜ばれる。

社員食堂の昼食とたまに同じメニューが続いてしまうと、寮生が「えー、またー」と文句を言う。「誰も昼の献立表を持ってこないのが悪いんだ。毎月献立表持ってくれば、重ならないようにメニュー考えるさ」と言い返して、献立表を持ってきてもらうようにする。そして昼食と重ならないように献立を考える。

大変そうに聞こえるけれど、料理学校に通っているこの頃がミドリさんの人生の中で一番の華だった、本当に楽しかったという。

「何でもやってみると、おもしろいもんだよ」

ミドリさんはいつも、前向きな決め台詞で話にスパイスをきかせて、聴く人を楽しい気持ちにさせてくれる。

❖ 床を上げれば料理学校の夢の跡

何でも食べて、ずいぶん覚えた。そのお陰でミドリさんの体重は八十キロになっていた。寮生からは、当時有名だった関取の名である「若秩父《わかちちぶ》」というあだ名を付けられた。「横綱」と呼ばれることもあったという。

独身寮では若い男性ばかりで、ここでのミドリさんの身長は低い部類に属する。大正生まれの女性にしては高い身長を馬鹿にされることもない。その代わりに横に横にと広がって、とうとう電信柱から若秩父になってしまった。

そうなると寮生たちはふざけて「若秩父、若秩父」と、連呼してくる。だから、ミドリさんも負けずに言い返す。

「うるさいっ。悔しかったらなってみれ」

べつにまわりは悔しくない。女性に付けるあだ名としては失礼極まりないようにも感じるけれど、若秩父も横綱も、相撲好きなミドリさんのキャラクターをよくわきまえていて、実は愛情が込められている。寮生の間でミドリさんの相撲好きが知れ渡っていたのは、テレビの相撲中継がはじまると、料理そっちのけで相撲観戦に熱中するからだった。相撲期間中はどうしても、料理が手抜きにならざるを得ない。

ともあれ、こうしてミドリさんは、電信柱から若秩父や横綱へと華麗な転身を遂げたのだった。

若秩父のミドリさんと魚菜先生は揃って糖尿病になって二人で笑い合った。長年の付き合いで二人は友だちみたいな間柄になっていた。

「それでも先生が教壇に上がった途端、先生と弟子の間柄になる」

二人とも体重なんてそっちのけで、とにかく料理熱心だった。

料理学校を辞めた後は、洋裁学校や編み物学校に通いはじめた。

「洋服を作るときにバストの寸法に何をプラスすればいいのか忘れたから」

それが洋裁学校へ通いだした理由である。

実は入学手続きをする際に、一人だけ歳の離れたミドリさんについて「どうせ一カ月か二カ月で辞めるだろうから」と先生たちが話しているのを、ミドリさんは聞いてしまった。ところがいざ入学してみると、「こんなに叱られなくても買えばなんぼでもある」と言って生徒が次々と辞めていく。蓋《ふた》を開けてみると、同期十六人のうち残ったのはミドリさん一人だけだった。

教師一人に対して生徒が一人では利益が得られないから、学校側としてはできれば避けたい。早速学校からは「二年生に編入して上の学年と一緒に授業を受けるように」と通達された。しかしそれは学校側の都合であって、ミドリさんとしては一年目で教わることをまだすべて教わっていない。

ミドリさんの主張勝ちで一対一できっちりと教えてもらって、同期でただ一人卒業証書を手にすることになった。最後まで続けることができたのは、担当の先生がとてもいい先生だったというのも大きかったのだという。ミドリさんは今でも自分で着る服は手作りして、それをお洒落に着こなしている。

「今の子は、大学を出ても花一本さえ生けられない」

知り合いの娘さんは学校で生け花の勉強をしたのに、結局身につけることができなかった。何ごとも度胸。ミドリさんは若い頃にお花やお茶を少し習っただけなのに、度胸があるから人前で堂々と花を生けられる。

「それでもって生けた花をまわりからほめてもらえるから、これだけいいことはない」

とはいえ、ミドリさんは生け花よりも野花が好きだ。

「だから自分は池坊（イケノボウ）ではなくて、デクノボウ」

ミドリさんはせっかくいい話をしていても、最後にオチをつけずにはいられないのだ。

調理師免許を取ったら仕事を辞めて、料理学校を開こうと考えていた。しかし免許を取った当時は人手が足りなくて仕事は忙しく、会社は暇をくれなかった。ただでさえ唯一の免許取得者のミドリさんは会社から辞めないようにと念を押されて、仕事を続けざるをえない状況におかれていた。

神奈川県の平塚にある現在のミドリさんの部屋は、仏間以外に畳がない。じゅうたんの下は畳だと思い込んでいた居間は、よく見たらすべてフローリングになっていた。日本家屋のイメージがすっかりでき上がっていた私にとって、その事実を知ったときには意表をつかれた。

元々この家に引っ越して来たら料理学校を開きたくて、それを前提に家を設計したのだという。床下には水道管が張り巡らされていて、床を上げれば料理教室に変身できる。そのためのフローリングなのである。

北海道の木村家では、冬になると雪で床下は埋もれてしまう。だから秘密は上（天井）につくるものだった。天井板をスライドさせて上に逃げる仕掛けは設けても、床板を外して下に逃げる仕掛けは気候風土に適さないからつくらない。

しかし温暖な地で暮らす今、床下に秘密をつくっても雪に埋もれてしまうことはない。やはりというべきか、ミドリさんは床下に秘密を眠らせていた。それも木村家はじまって以来の床下の「からくり」は、敵から逃げるためでも惑わせるためでもなく、料理学校を開くためという夢にあふれた素敵な「からくり」に仕上がっている。手が込んでいるわりには役に立っていないところは北海道の家のからくりと何一つ変わっていないのだが……。

「あのとき料理学校を開けたらすごく楽しかっただろうに」

そりゃ、ミドリさんが先生ならば、生徒もどんなに楽しいことだろう。何にでも屈せずに挑戦してきたミドリさんが果たせなかった料理学校の夢。その夢を床の下に眠らせたまま、ミドリさんは床の上で生活している。

床を上げて夢を掘り起こすことはもうないのだろうか……。

❖ 夫婦でそろばん日本一

ミドリさんの夫は頭の回転が速くて、そろばんが達者だった。しかし上には上がいるもので、関西ペイントの独身寮には歴代の〝そろばん日本一〟が揃っていた。

そこで夫は〝そろばん日本一〟と競争をしてみたことがある。すると、同時に終わった。だから「夫もそろばん日本一」だとミドリさんは解釈している。

夫は「人は負けたらダメ。勝ちきらないと」という考え方の持ち主である。そのためには努力を惜しまない。ミドリさんは夫から、

「一万になったら頭へしまえ。ほっと一息つく瞬間に珠を上げろ」

と、そろばんのコツを教え込まれた。

ミドリさんも負けず嫌いである。夫と一緒に競争をして強くなっていった。そして、あるときから夫と同時に終わるようになっていた。ミドリさんも〝そろばん日本一〟の私的称号を手に入れたのである。

〝そろばん日本一〟という人がどのような大会で優勝して日本一になったのかは知らないけれど、木村夫婦は日本最強のそろばん夫婦ということになる。そう思った瞬間、

「(夫が)最後の珠をはじく瞬間に、同じ珠をはじけば同時に終わる」

と、自信たっぷりに事もなげに言われてしまった。

そろばんは夫婦共通の趣味になり、仕事が終わるとよく一緒にそろばんをはじくようになった。夫に影響されて購入したミドリさんの箱そろばんは、今ではすっかり年季の入ったものになっている。大事なマイそろばんのはずなのに、今は夫のものとペアでひ孫たちのスケート靴として使われてしまっている。

私との話に触発されたのか、ミドリさんは棚にしまわれたそろばんを取り出して嬉しそうに珠をはじきはじめた。あまりに嬉しそうだからついついカメラを向けると、さらに満面に笑みを浮かべて珠をはじきはじめた。彼女は写真にうまく写る術を身につけた、モデル体質でもある。

ミドリさんは自分のことを美人だという。ある日、三十代くらいの女性が家に来て、

「木村さんのサバサバしてるところが好きです。それに美人ですよね」とほめたたえた。ミドリさんは照れることも謙遜することもなく「そうだよ」とあっさり即答したうえで、少し間を置いてこんな台詞を付け足した。

「美人だけど……。美人はほかにもいるから日本一になれない」

〝美人日本一〟の称号を手に入れるのは、そろばん以上にハードルが高そうだ。

もの好きな夫は、そろばん以外にもいろいろなことに熱中してきた。思いつくとすぐに実行するものの、それにはいつもミドリさんを巻き込むことになる。話を聞いていると似たもの夫婦であるから巻き込まれたら巻き込まれたで、ミドリさんも楽しそうである。

東京での木村家の住まいは独身寮の中だった。その小宇宙で夫は鳥の飼育にはまってしまった。

「鳥ならずいぶん飼ったねー。お爺さん（夫）は鳥が好きで好きで。チャボが上野のコンクールで一等とって、それからハマってハマって……」

鳥を飼うきっかけは、もの好きな夫が突然「キジが欲しい」と言ったことからはじまった。

「キジを買ってきてくれ」と夫から頼まれたミドリさんは、キジを手に入れに外へと繰り出すことになった。

向かった先は、ペットショップ、ではなくラーメン屋である。店の中でキジを飼っているラーメン屋が近くにあったのだった。

ミドリさんは、さっそく店主に交渉した。

「キジを譲ってほしい。いくらで譲ってくれる?」

「一万円」

それで何も考えずに「はいっ」と一万円を渡してキジを連れて帰ってきた。

頼まれたから買ってきただけなのに、家に帰ると夫から「一万円も払ったのか。高すぎる。もう一度行ってこい」と怒られてしまった。そこでもう一回ラーメン屋へ行って、「一万円は高いのでは」と言うと、あっさり「ではもう一羽」と言って、もう一羽、キジを渡してきた。

「一万円が半額になった」

ミドリさんはそう解釈しているが、ラーメン屋はキジがいらなかったのではないだろうか。お金を貰ってキジを手放せたら、こんなありがたいことはない。一方では、ミドリさんのように無頓着にしろ一羽分の値段で二羽もらったことを半額になったとポジティブに考えることもできるわけで、ものは考えようである。

夫は材木を買ってきて鳥小屋を作った。上げ下げ窓で細かいところは竹ひごを使うなど工夫を凝らして、愛情のこもった立派な鳥小屋が完成した。庭には網を張って鳥を放した。

もの好き夫婦は、はまりだすと止まらない。次第に数が増えて、部屋の中まで鳥でいっぱいになっていった。逃げてしまった鳥も多い。

「みんな一回は鳥でしくじっている。わしもいっぱいしくじっている」

キジ二羽に紅雀《べにすずめ》五羽と、ずいぶん逃がした。それもたいていは夫の仕業だ。ウグイスは一回しくじったときに、あまりの逃げ足の速さになす術もなく、それっきり飼っていない。

ところが逃げた紅雀が多摩川の柳の木に巣をつくって、ミドリさんを喜ばせた。ミドリさんは紅雀が大好きで、のちに建具のモチーフにも紅雀を積極的に取り入れている。

❖ 独身寮の女横綱

寮の運動会で、ミドリさんはヒーローだった。「徒競走では必ず一位になった」と自信満々に言ってのけるのだが、運動神経がいくらいいとしても、ここには結婚前の若い男性たちが揃っている。それに、ミドリさんはスカートに革靴で走るのだ。……必ず何か裏がある。

戦略家のミドリさんは、前を走っている人の名前を呼んで「なーに?」と振り返ったすきをついて、一気に追い越すのだという。タイミングや話しかけ方など、コツがあるらしい。徒競走が苦手な同僚たちに伝授しても、誰もうまくいかない。度胸があってトンチの利くミドリさんにしかできない妙技だった。

関西ペイントの横綱ミドリさんが一位になると、会場は大盛り上がりだ。寮生が口々に「おばちゃん、すごい」とほめてくれる。そのうえ一位の賞品（鉛筆だった）もみんな寮生にあげてしまうから、寮生はさらに大喜びしてくれる。

ミドリさんの出場は何よりのエンターテインメントになっていたので、運動会になるとミドリさんはひっきりなしに声がかかって大忙しだった。

ミドリさんの寮での生活は、普段からこの運動会さながらに忙しかった。今の寮は個室になっているが、当時は二人部屋だった。寮生は全員男性なので、すぐにけんかになる。面倒見のいいミドリさんは、けんかの仲裁もだいぶこなしてきた。

まずは「家に帰ったら仕事するな。そんなのより風呂入ってさっさと飯食べろ」とけんかに割って入る。すると今度は風呂場が騒がしくなる。そこは大浴場である。寮生たちが飛び込みプールのようにジャボーンと勢いよく飛び込んでいる。そこでは「頭打ったら死ぬぞ」と注意する。

寮生が「けんかで服の袖がもげて投げ捨てて帰ってくる」と、ミドリさんは「投げたものは拾ってこい」と言い放つ。服装に関するしつけは特に厳しい。ミドリさんが小学生の頃は、冬になるとマント(角巻)を着て学校に通っていた。マントはボタンが一列に並んでいて、首のところは紐で結ぶデザインだった。そのボタンがゆるんだまま放っておくと、すぐに親に見つかって叱られる。だから、服のボタンがゆるんで放っておくようではいけないと思っている。

ミドリさんはズボンの裾上げやボタンつけなど、何かと寮生に頼まれていた。頼まれるとまず「糸も持たずに頼みにくるな。糸買ってこい」と注意する。そうすると、寮生から「ケチケチ言うなよ」と反抗される。「今、何て言った？　ケチケチとは何だ」と言い返す。寮生は「後で買う」とかいろいろ言いわけをして、結局買ってきやしない。

それでもお金を取らずに何でも直してやるから、寮生の口コミでみんな次々にミドリさんのところへやって来た。誰も糸を買って来ないけれど、はじめての人にはいっぺんは必ず「糸買ってこい」と催促することにしている。何も言わずに頼まれるままにやっていたら、人間、馬鹿にされる。だからそのものずばり、言うだけ言うのがミドリさん流なのである。

こんなサービスもやってのけた。北海道のときと同様に、寮でドブロクをつくったのだ。馬はいないから、食堂でつくったものを屋上に隠しておいた。

関西ペイントの運動会（左から二人目がミドリさん）

寮のバス旅行のときにはお釜二つでドブロクをつくって、そのままバスに持ち込んだ。そのおかげで目的地に着く前からどろどろに酔っている寮生までいた。

寮生からは「美味しいからまたつくってよ」と言われるが、「罰金とられるんだよ」と言うと「へー、そうなんだ」と驚かれる。実は、木村家は夫婦で酒が飲めない。人のためにドブロクをつくって罰金をとられては話にならないから、このバス旅行を最後にドブロクづくりは卒業することにした。

❖ 白熱する建築会議

関西ペイントでは、まず東京事業所に勤務してから神奈川県の平塚事業所に異動するという、一連の流れがあった。独身寮の若手社員たちは皆、東京を足がかりに次々と平塚へ移っていった。

そのつながりからか、東京の独身寮に魚を納めていた人も平塚に住んでいた。彼は魚を受け渡す際に、「土地を買わないか」と木村夫婦に持ちかけた。

その人が所有する平塚の土地である。もとは漁師町だったが、この頃には、すっかり閑静な住宅街へと変容していた。

今現在は、ところどころに残る戦後の木造住宅が唯一歴史を感じさせるものの、湘《しょう》南《なん》という洒落たイメージが先行していて、セレブな雰囲気まで発している。漁師よりもサーファーが目立ってしまい、ここが漁師町だったなんてよほど意識しないと誰も気づかないのだが……。

ミドリさんの夫と競い合った〝そろばん日本一〟の社員も、平塚事業所に勤めていた。そろばん日本一は夫婦にこう語った。

「平塚はいいところだ」

これが、夫婦の背中を押した。

二人は魚屋の勧めと〝そろばん日本一〟の助言で、昭和三十七年に平塚に土地を買った。夫婦にとって平塚との接点は、一切ない。こんな単純ないきさつで、人は土地を買って家を建てようとするものだろうか。開拓者の血がそうさせるのか。

しかし、買うと決めるまでには入念な下調べを行った。ミドリさんは、東京からゴザ一枚と弁当を持って購入予定の土地に来て、朝九時から夕日が沈むまで、土地の真ん中にそのゴザを敷いて一日中座り続けた。「きちんと日が当たる土地かどうかを確かめずに、土地の良しあしは分からない」からだ。

新興住宅街の一角で空き地にゴザを敷いて、女性が一人何をするでもなく朝から晩までずっと座り続けている。通りがかりの人たちは、さぞかし不思議に思ったことだろう。その日の主婦の話題を独占、翌日には学校や職場まで……。

日当たりがよいことが分かると魚屋に、「買います」と答えた。近くに駅やスーパーがあるかどうかではなくて、日没までひたすら座り続けて日当たりで土地を選ぶ。寮生の食事作りに料理教室と、あわただしい生活を送っていた頃である。朝早くに寮生の食事を作り、手配をしてから来たに違いない。なかなかできることじゃない。それがミドリさんにとっては当然のことであって、あっけらかんとしている。

こうして家を建てる土壌は整った。ミドリさんは小さい頃から職人たちと生活を送り、大工が家を建てるのを土台づくりから観察してきた。家という家に興味をそそぎ、自分ならどう建てるのかを考える。例えば、下屋《げや》（軒の出）が長いと家が傷まない。いい家があると、決まって家の中を見せてもらう。

「上がり框《がまち》（土間から座敷へ上がる上がり口に渡してある横木）から見ていくと、家の良しあしが、たいてい分かる」

ミドリさんは、そういう細かいところを見るのが好きだ。

導かれて出会ったような建築好きの夫婦である。この夫婦が最も個性を発揮して、夫婦のチームワークを深めるのが「けんか」と「家を建てる」ときだった。家は自分が一番関わる場所だから、存分にお金をかけるべきなのである。

夫婦は毎晩、家の構想を練った。今まで培ってきた建築を見る目を発揮する、絶好の機会である。これはもう、作戦会議にほかならなかった。

夫はすぐにおもしろい発想をする。そして熱中したかと思えば、すぐに冷めてしまう。いくら突飛な発想をしても書き留めておく人がいなければ、思いつきは永遠に忘れ去られたままだ。そこで夫は何か思いついてはミドリさんに伝えて、その場でミドリさんがメモを取った。夫の思いつきを、ミドリさんがせっせと図面に起こしていく。いわばひらめき勝負みたいな夫の発想がこうして今の家のかたちになっているのかと思うと、家の中のもの一つひとつが感慨深い。

夫婦にとって、家を建てるときに大前提とするこだわりがあった。一つめのこだわりは、木造建築にすることである。

「鉄筋は錆びると中が曲がってしまうから危険。良質なものを造ろうとしたら、木造のほうが耐用年数が長い」

だからこの時代にしては珍しく、鉄筋がこの家には一切入っていない。ただし〝電信柱を除いて〟と、念のために付け加えておく。

二つめは、二階建てにすることである。いくら家を立派にしようとも、それ以上の階は造らない。木造三階建ては構造上、材木をつがないといけないからだ。一本の材でまかなえる二階建てがちょうどいい。

「二十二尺以上のものはよくない」

ミドリさんはいつも、尺の単位で長さを勘定する。ただし二十二尺というこの数字には、ある秘密が隠されていることをのちのち悟ることになる。

三つめは、「曲がり屋」にすることである。前にもふれたが、曲がり屋とは東北を中心とした民家特有のL字形の建物のことで、例として北海道の木村家が挙げられる。本来L字の短く出っ張った部分には馬を飼育する厩を設けるのだが、いくら夫がもの好きでも、家で馬は飼わない。曲がり屋のかたちを取り入れたのだという。

「曲がり屋にするとどこからでも日が当たり、風通しがよく、快適な家ができる」

やはりこの二人は新潟の血を引いている。いくら新しいことをしようにも、伝統的なよいものはしっかりと取り入れている。

夫婦は構造のこと、木材のこと、細々とした意匠まで、着実に構想をつめていった。そしていろいろと試行錯誤しながら、一カ月かけて図面が完成した。これだけ大掛かりで手の込んだ家に一カ月は短い気がするが、それまでにさんざん構想を練っていいアイデアをためてきた蓄積が、二人にはあった。

❖ 大工を選ぶとっておきの方法

工事がはじまったのは、土地を購入してから五年後の六月のことだった。それまでには材木探しや大工探しに長い時間を費やした。

材木店ではたいてい、材木の大きさを切り揃えて売っている。しかし家に見合った大きさの材木を揃えなければ、丈夫な家は造れない。そこで、まだ切り揃えていない材木を売っている店を探し回ることになった。徹底して、相当な数の店を見て回ったようだ。

さらに次の段階として、好きな大きさに切り揃えてくれる材木店で、メートルではなくて尺で測ってくれるところを探し回った。木村夫婦は、寸法を尺で判断している。だから大工にも寸法を尺で指示して、尺単位の家を建てることにしている。

ミドリさんは裁縫で鍛えられたのか、徹底した寸法感覚が頭に刻み込まれている。そして今でも、旧式な単位を使っての生活を貫いている。たぶん、センチやメートルでも長さを換算できるはずなのに絶対に使わない。身長でさえも何尺何寸と言う。話の中で「誰それは身長が五尺六寸もあって……」という話になると、その人がどれくらい背が高いのかよく分からないから、尺とは無縁の私は面食らってしまう。

昔から家を建てるのを身近に見て育ったミドリさんは今でも、どこかで家を造っていると必ず見に行く。そして「邪魔にならないようにしますから、見せてもらえますか」と大工にことわってから見学する。そしていい仕事をしていると思うと話しかけて、ほめたり質問したりしながら、腕を確かめていく。

大工の腕を見極める、とっておきの方法がある。

「隅柱《すみばしら》の使い方には要注意」

ミドリさんは、一点を見つめながらホラーでも語るような低い声で言い切った。

隅柱とは四隅にある柱のことで、隅柱で家の価値が決まるという。ミドリさんによると「大工は隅柱を短めにしてその分で儲けている」から、隅柱のことを大工は絶対に教えてくれない。隅柱のことを知っていれば、家のことをよく知っている証拠である。ミドリさんは、これを大工探しに応用する。

まず、「ええうちですね」と大工をほめておいて、大工がいい気になったところで、「ところで、隅柱はどれくらいですか」と尋ねてみる。大工は「えー、まー」などと曖昧な返事をする。ごまかしている証拠だ。ミドリさんの話術にすんなりはまってしまった大工は、隅柱のことを聞かれてはじめて、「この人、分かるな」とミドリさんの素人離れを悟ることとなる。

大工にも流儀がある。親に仕込まれたのか、他人に仕込まれたのかを確かめる。他人に仕込まれたほうがいい大工になるという。そして、見込んだ人には名前と住所を教えてもらって、「家を造ることがあったらお願いします」と交渉しておく。こうやって頼んだ大工は、いい家を造ってくれる。

木村夫婦に仕事を任された大工を代表して、三人挙げておこう。一人は山形出身の大工だった。三代続く宮大工の家に生まれた次男坊で、山形から出て来て関東で仕事をしていた。彼の仕事を見に行ったときにきちんとした大工道具が揃っていたから、この人は仕事ができるとミドリさんは判断した。

「のこぎりの〝丸のこ〟と〝帯のこ〟を持っていたことが決め手となって引き抜いてきた」

道具が腕を語るというミドリさんの読みは当たって、彼は屋根に板を二枚入れてくれるなど、指示した以上のことをしてくれた。

二人めは、新潟出身の大工である。彼はとある工務店に勤めていて、関西ペイントに出入りしていた。よい大工だったのでお願いして工務店の仕事を休んでもらった。三十四歳と若かったけれど腕が良く、最後の一人作業まで彼に任せることになった。

三人めは、平塚出身の大工である。ミドリさんはこの人の手掛ける工事現場に、ある日偶然通りかかった。かんなをかけているのを見れば、この人はいいなと分かる。作業風景を見て腕の良さを見抜いたミドリさんは、現金を「どんとつけて」引き抜いてきた。

「現金をどんとつけて」というのは、仕事の依頼と同時に給料を公言したのだ。ミドリさんは、日給千八百円を払うことにしていた。当時は大卒の初任給が二万円の時代だった。日給千八百円となれば、通常の仕事よりも待遇がいい。いい大工に仕事を頼むにはそれくらい当然であるし、大工にとっては黙って働きさえすれば結構なお金になる。

ミドリさんは仕事を見て、この平塚の大工を本当はすぐにでも欲しかった。しかし、今日からとか明日からとか言うと反感を買うのは目に見えている。それに工事を見て交渉するわけだから、当然、手掛けている最中の仕事がある。そこで「何日か経ったら来い。その間に暇をとれ」と声をかけた。上から口調なのに反感を買わないミドリさんは、なかなかの人徳の持ち主だ。そして大工の心理をうまく衝《つ》いている。結局彼は、田舎に帰るということにして仕事を辞め、ミドリさんの依頼を引き受けた。

大工への支払いは、最初に見積もりをとっておいて、家を建てた後に支払うのが普通である。しかし、夫はそうしなかった。とにかく家を建てれば見積もりと同じだけお金が貰えるとなれば、大工が手を抜く。一日一日の仕事を丁寧にこなしてもらおうと思ったら、お金はその日のうちに払うべきだと二人は考えていた。

気持ちよく支払って気持ちよく仕事をしてもらう。大工に余計なことを考えさせないためにも、代金の支払いを待たせることは絶対にしなかった。大工に「代金をまけてくれ」とは絶対に言わないし、代金の先延ばしも絶対にしない。ケチると、どこか目に見えないところで必ずやられる。そうなれば家の質が落ちてしまう。

土地を買ったり家を建てたりするときは、必ずその場その場の現金払いで通してきた。だから、ミドリさんのもとで仕事をする人はお金には絶対に困らない。そして、最終日に代金を渡した時点で、一切を終わりとする。以後、どんなことがあっても引きずらない。

夫婦は時間をかけて、自ら大工を選んで交渉した。いい人がいたら手放さない。そのため、雇った大工はみんな上手だった。未だに家のどこも傷んでいない。そして、頼んだ人はなぜか東北出身が多かった。出身地を聞いて頼んだわけではない。何か感じるものがあるのだろうか。

けんかをしてこそ家は建つ

木村夫婦の家を建てることへの情熱には、驚くべきものがある。大工には、夫婦が見ていないところでは、絶対に仕事をさせない。二人とも東京で仕事があるにもかかわらず、どんなときでもどちらか一人は必ず、現場へと足を運んだ。ミドリさんも夜のうちに翌日の献立を決めてしまい、指示を出してから抜け出してくる。毎朝三時起きで、東京から平塚へ通っていたという。

当の大工だって、木村夫婦に見そめられるほどの秀でたものを持った人たちである。夫婦も大工も、互いに自分の主張は絶対に譲らなかった。大工がやることに「はい、はい」と返事をして受け身になっていたら、何をやられるか分からない。家を建てるのに、「はい」は禁句。だから毎日、大工とけんかになった。

けんかの引き金は、たいてい夫が引いた。夫の集中力はすさまじいものがある。何しろ毎日朝から夕方五時まで現場に座り込んで黙ったまま、じーっと大工の仕事を眺めている。そうかと思えば突如立ち上がって、すたすたと歩み寄り、「ここのところ違わないか」と長さを測る。すると必ず少し違っている。角度が違うと言って全部やり直しになったこともある。目に狂いがない。そして、少しでも間違えると「このへたくそー」と怒鳴り散らした。

大工も気が抜けない。少しでも手を抜くと、夫はすぐに気づいて追及する。大工が「ごまかしました」と言ってきちんと認めればいいけれど、「ごまかしていません」と言ったら容赦しない。最後には「明日から来るな」となる。

けんかになるとミドリさんが必ず間に入って、大工の車の中に何か入れておくなど夫に内緒でお礼をした。「ミドリさんのおかげ」で次の日にはいつもどおりに出勤し、夫ともけんか前の関係に戻っている。家づくりは、それの繰り返しだった。

場合によって、大工の機嫌をとることも大切なのである。ミドリさんと大工がけんかになれば夫が間に入るし、夫とけんかになればミドリさんが間に入る。そうでないと家は建たない。時にはほめることも必要である。両方言うとうるさいから、まずは夫ががうるさく言う役だった。大工はミドリさんに「サイダー飲みたい」とか「ジュース買って来てくれ」とか、好き放題言ってくる。話を聞いていると、家を建てる工程は、まるで子育てみたいだ。

日本家屋は、柱を中心に間仕切りをした構造が一つの特徴といえる。平塚のこの家の柱は、太さ三寸五分で統一されている。ミドリさんいわく、二階建てを建てるのに必要な太さだ。ちなみに北海道で住んでいた家は、四寸柱だった。雪国は雪の重みに耐えるために、太い材で屋根を支える必要がある。ただでさえ、北海道の木村家は立派な木をふんだんに使っていたから、ミドリさんは東京に出てきたとき、建物の材の細さに驚いたという。

そして材木はすべて、ひのきを使っている。

「下手な材木を用いると、ちょっとしたことでドドドといってしまう。ひのきは高級で腐らない」

材木の質だけでなく、大工の技術がそなわってこそ、いい家が建つ。ふつう家を簡単に造ろうとすると、材木を釘を使ってL字につなぐ方法を取るのだが、そうすると丈夫な家には仕上がらない。そこでこの家は、釘は一切使わず、木組みを用いた木造の伝統工法を取り入れている。宮大工がすべての材木同士を挿してはめ込んで組み立ててくれた。ミドリさんをも虜《とりこ》にした職人業だ。

さらに、この家の屋根は複雑なかたちをしている。茅葺き民家などで用いられている入母屋《いりもや》の屋根が、六つも組み合わさっている。入母屋を一つ造るには、七人の大工が必要だという。しかし、材木を組んでいく際に複数人で仕事にかかるとずれてしまうので、一人で一つの入母屋に七日間かけて取りかかった。一方で、三角形のかたちをした切妻《きりづま》の屋根の部分は三人の大工が必要なので、一人が三日間かけて完成させた。

軒先は、樹齢九十年のひのきの根を使ってカーブさせているという。しかし曲がった木だけでは構造的に弱いので、「曲がった木はもう一本入れないとダオル（折れる）」と大工に注文した。軒裏を見ると一目瞭然だが、軒には垂木《たるき》が三本ずつ組み合わさっている。それだけ、家を丈夫に造ることを徹底的に追求している。

「カネかけてるけど、見ても分からない」

見かけだけにとらわれるのではなく、ミドリさんは家本来の住みやすさにこだわっている。そのこだわりが滲み出ているからなのか、この家にはお金をかけただけの美しさがそなわっている。そして、本当に細かいところまで手抜きがない。大工も決して、ほらを吹かない。仕事が丁寧で、やったことを自慢しなかった。

「自慢するような大工はよくない。ほめると喜ぶから、うまいところはほめておく」

指の先まで神経をとがらせるという言葉のごとく、この家は軒の先まで気を抜いていない。ミドリさんは雁木《がんぎ》が好きである。そこで軒先は、新潟の雁木を模してつくっている。雁木とは、軒を長くせり出すことで傘をささずに通り抜けができる、いわゆるアーケードのようなもので、雪国の伝統家屋に見られる様式である。新潟は特に、雁木の多い地域といえる。気候が温暖な平塚では当然、家屋に雁木を用いる文化はない。それに雁木は、本来ならば通りに沿って隣家と連続性を持たせるものである。ところがこの家の場合は、縁側に沿って三つの部屋を外側から行き来するときのための、アーケードのような屋根代わりとしてつくられている。

屋根は夫がデザインして、屋根瓦も夫が決めた。瓦は青くて独特な焼き方の青緑瓦《せいろく》を使っている。瓦が何個いるのかを勘定して購入し、入母屋の部分は特注した。それだけお金をかけている。

玄関の部分は黒い三州《さんしゅう》瓦を使い、小さめのものを特注した。曲線が激しい箇所ほど、大きな瓦は葺けないからだ。雨一滴でも入らない葺き方がどういうものか、ミドリさんには分かっている。瓦葺きは、瓦を購入した瓦屋の親子にお願いした。平塚に住む職人だが、出身は新潟だった。

大工は切妻の屋根、入母屋の屋根、戸や戸袋など、専門ごとに分けて仕事をしてもらった。はじめは一日に大勢呼んで仕事をしてもらい、ある程度できてきたら一日に一人しか使わない。一人でやらないと、どこかでずれが生じてくるからだ。

大工仕事について、ミドリさんが私に口を酸っぱくして言う台詞がある。

「大工仕事を知らないと批評ができない」

大工の技のすごさが分かっているからこそ、指導に説得力がそなわっている。木村夫婦は口だけの監督ではない。だから大工がここまでついてきてくれた。

さらに、ミドリさんはこう付け加えた。

「見られないのが一番つらい。口出せないから」

口出しは、選ばれた者の特権でもある。これだけの技術を持った大工に口出しができるほど気持ちのいいことはない。夫婦がわざわざ監督しなくても、大工さえいれば家は建つ。それでも家を極めるために、夫婦は早朝に家を出て、口出しをしに現場へと向かった。

そして、昭和四十二年の六月二十五日に開始した工事は、この年の十二月末に完成した。完成した直後は本当に多くの人が「家を見せてくれませんか」と訪ねて来たという。大工も知り合いを連れて来ては「俺が造った家だ」と誇らしげにしている。

木村夫婦にしごかれて完成した家。存分に力を発揮できた家。さぞや嬉しかったに違いない。


それはそうと、ここまで話を聞いて、何か肝心なことが抜け落ちていないか――。そう、家が建ったというのに、肝心の電信柱がまだ出てきていない。

「ところで、電信柱は……?」

核心にせまるべく、私がミドリさんに尋ねると、

「このとき、まだ突き出ていなかった」

と、ミドリさんはあっさり答えた。その姿を現すまでには、あと数年の歳月を要することになるという。

第四章

森の中の事業集団

ルーツを追う旅
ものづくり篇

❖ ものづくり集落に潜む謎

北海道江別《えべつ》市をはじめて訪れてから二年が経過した。新潟村の歴史や風景に触れてミドリさんのかつての暮らしを垣間見《かいまみ》られたこの体験は、何より刺激的だった。歴史的建造物にも数多く触れることで、この地域の建築の大まかな特徴や変遷を知ることができたのも大きな収穫だった。

しかし、どうしても腑《ふ》に落ちないことがある。江別が木材の豊富な地域だったとはいえ、昔ながらのどの住宅も、たとえ個性はあってもこの地域特有の決まった型（単純で機能的な切妻の四角い家）におさまっている。それなのに武田家の住宅だけがその一般的な枠組みからは逸脱していて、この村の中で極めて特殊な建築形態を帯びていた。

江別の一般的な三角屋根の住宅を単独の山にたとえるならば、屋根が複雑に重なり合った武田家の住宅は大雪《だいせつ》連峰のような山並みである。木造アパートに住人が部屋をつぎ足して外観がボコボコと突き出していくさまを俗に「軍艦アパート」と呼ぶことがあるが、武田家の様相は原理としてはそれに似ている。しかし、決定的に違うこととして、武田家は利便性を追求して闇雲に部屋を広げるのではなく、最初から徹底した美意識がある。だからたった一軒の家に屋根の棟がいくら複雑に連なろうと、見た目は決して軍艦にはならず、大雪連峰の美しい眺望になるのだ。

これは、予算や効率性を気にしているようでは到底生み出せないものだろう。「武田一族が手掛ける家」は、江別のどんな建物とも異なる特殊な存在として、一つのジャンルとして、その地位をしっかりと確立している。

武田家と木村家は木造の大きな家で、村人の誰もが認める「特殊な家」だったと言われている。それはなぜなのか。前回の北海道での取材では、その理由を究明するまでには至らなかった。武田家の特殊な建築センスは、いったいどうやって育まれたものなのだろうか。

さらにミドリさんが東京に移り、平塚に家を建てたときの話を聞いていると、その情熱といったらよいのか、知識はもとより建築へ向かう熱心な姿は特殊に映る。なぜ、武田家や木村家の人々は、ここまで建築にこだわるのだろうか。

建築の独創性、ものづくりに対する情熱やこだわり、さらにはクリエイティブな発想力、これらの源となっているものを私はまだ現地でつかみきれていなかった。だから、もう一度江別を訪れて、それらのことをきちんと追求してみたかった。

二度目の江別行きが実現したのは、あれから二年後の平成二十年十一月のことである。冬にさしかかって、新潟村はすでに雪がちらついていた。そして、ミドリさんがかつて暮らしていた地域に足を踏み入れると、そこにはもう一つ気になっていたクリエイティブな〝あの風景〟が広がっていた。

本家や分家の武田家から大本家の武田家にかけて、そこはどの家先にも目を引くオブジェが飾られている。色鮮やかにペイントされた馬車ぐるまや農具、果ては漁で使う浮玉を大胆にアレンジした動物のキャラクターまで、ここでの生活に密接した道具がアートとなって、通行人を楽しい気持ちにさせてくれている。

しかもこれは、よくある〝まちおこし〟の類ではない。ここは、新潟村の中で最も駅から離れた地域である。バスも、一日数本しか通っていない。わざわざ訪ねて来るのだって、住人の知り合いを除けばきっと私ぐらいだろう。

それなのにどういうわけか、江別市の地図にも載っていない決して注目されることのないこの片田舎の狭い地域だけが、クリエイティブな作品であふれていて、いわゆる「アート村」の域に達している。かつてはそこにミドリさんが暮らし、今もミドリさんの親戚が多く住む地域であるだけに、この不思議な現象を放っておくわけにはいかなかった。武田家や木村家の建築の秘密につながる、何か手がかりになるような気がしていた。

新潟村の外れに形成された「ものづくり集落」のアート

現地に着くと、まず最初は親戚の家を回ることにした。武田家は思っていたよりも多くの子孫が今も新潟村で、特に「アート村」と化した六番組と七番組を中心に暮らしている。最初に訪ねたのは「西野幌《にしのっぽろ》郵便局前」のバス停近くの、元「柱ばかりの家」の本家に暮らしている、二年前に出会った武田さんだった。馬車ぐるまの飾られた家先から裏へまわると、「雪印」のトタンで造られた簡素でセンスのいい小屋が立っている。武田さんの作業小屋だ。

小屋の中へおじゃまするると、そこはところ狭しと飾られた作品であふれていた。壁には農機具にペイントしたオブジェや馬のひづめに付ける蹄鉄《ていてつ》、床には木製の大きなそりがさりげなく置かれている。昔飼っていた馬にこのそりを曳かせていたそうで、「こんな大きなそりはうちにしかない」と武田さんが自慢げに語るほどの立派なそりである。

しかしこの作業小屋の中で何よりも目を引いたのが、木でつくられた建築物のミニチュアの数々だった。私よりも背の高い「さっぽろテレビ塔」までもが、小屋の中に立っている。武田さんの趣味は、木材を使って建物の模型を作ることなのだ。どうしてこうも武田家の人々は、揃いも揃って家を造るのが好きなのだろうか。

近所でものづくりをしている人が多いことは、この武田さんも認識している。「誰々さんは浮玉アート」「誰々さんは瓢簞《ひょうたん》アート」と、この辺の人たちはみんな家の裏の作業小屋でものづくりに没頭している。いわゆる「ものづくり集落」が、志文別《しぶんべつ》の「西野幌郵便局前」や「林行橋」のバス停界隈で自然発生的に形成されているのだ。

老後の趣味が必要なのだと、武田さんは言った。しかし、そうはいうが、この特異なものづくり集落は、木村家を中心にして、武田家ではじまり武田家で終わっている。限られた範囲なのである。

地域性だろうかと、武田さんは言った。理由なんて誰も考えもせず、ただ本能のおもむくままにこの地域ではみな思い思いの創作にいそしんでいるということか。

この地域とものづくりとの関係性をつかむことができたのは、もう少し村を歩いた後だった。

木工が趣味の武田さんいわく、大正十年（ミドリさんが八歳のとき）に新築された木村家は、「柾葺《まさぶ》きの屋根で軒先だけが鉄板屋根の大きな木造の家」だったという。木村家について誰もが「木造の大きな家」だったと口を揃える中で、武田さんの説明は、あえてトタン葺きにしたとミドリさんの語るこだわりの軒先まで、しっかり特徴をとらえていた。

その「木造の大きな家」は、昭和五十五年頃に建て替えられた。木村家の新しい家を手掛けたのが武田さんの岳父だったというが、道路拡幅を機に取り壊されて今はない。

ボロボロになった二棟の納屋だけが昔のまま残っている。

そういえば、ミドリさんも同じようなことを言っていた。それによると、道路拡幅で家はすべて壊すことになったのに、父が唯一、図面に描かなかったトイレだけが壊されずに残ってしまった。

新しく建て替えられた武田さんの家にも、腰折屋根の昔からの納屋が残っている。外観は様変わりしているが、間取りや基礎はそのままだ。付属の建物はそのまま残っても、住まいは生活と共に建て替えられてゆく。図面にさえ描かれない存在の薄い建物は、いざというときにしぶとさを発揮して残るのか。

ミドリさんのこんな台詞が、ここでの現状を的確に言い表している。

「うちは家を建てるのが趣味みたいな家系。みんな建て替えてばかりしている」

それが木村家であり、武田家である。だから新潟村に長らく足を踏み入れていないミドリさんも、トイレが残ったことは又聞きにしても、木村家や武田家の建て替えの早さは身をもって知っている。

武田家は誰かが結婚するたびに、その二人にあげるわけでもなく家を順番に建て替えていく、そんな家であった。だからこそ、武田家の大本家が約百年前から家を建て替えていないことは新潟村においてとても珍しいことであり、さらにそれが武田家であるからこそ、余計に奇跡的なことなのである。

ミドリさんの暮らした家はもちろん、その後建て替えた家でさえ、どんな建物だったのか探ることは難しい。木村家の昔の家の手がかりを得ることはあきらめかけていた。ところがここで武田さんが、願ってもみない奇跡の大どんでん返しを起こしてくれたのだった。

なんと武田さんは、昭和五十五年頃に新築した木村家の模型をつくったことがあるという。大したものではないと言うが、はるばる江別までやって来て躊躇《ちゅうちょ》なんてしていられない。梯子を使って、高いところにしまわれた木村家の模型を出してきてもらった。

木造の家の模型を木でつくると味が出る。それも武田さんの作業は細かい。トイレの排水管まで緻密《ちみつ》に再現している。そしてこの家は棟が四つと、やはり屋根は複雑で、模型ながら大きな家であることがうかがえる。やはり木村家は、何度家を建て替えても完成するのは「木造の大きな家」である。

木村悠さんとハルエさん家族の暮らした家を、「老後の趣味」という名の質の高いものづくりを通して、奇跡的に知ることができたのだった。

❖ 建築に情熱を注ぐようになったわけ

『野幌部落史』には、明治二十三年に新潟県南蒲原郡から移住して来た萩野田作さんの話が掲載されている。

「平澤の澤は谷地で沼の様になつてをり、今より水が澤山あつて、官林から丸太を流送した様な跡もあり、七、八寸くらゐのアメマスもゐたものだ。又木村さんの所の夕張太への示道標のある所にも木材を搬出した道がついてゐた」

——木村さんの所には木材を搬出した道がついていた。この木村さんこそ、まぎれもなくミドリさんの家のことを指している。

広島街道がひた走る一本道の、新潟村の端のほうに位置した木村家は、十字路の角に立っていた。木村家の横を街道と垂直に、国有の野幌原生林へ向かって道が続いている。道の先には、国の管轄である林業試験場が立っていた。

明治四十一年に志文別に創設された林業試験場は、北海道を代表する林業の研究施設である。このような施設が新潟村の、それも木村家の道の先に存在したというのは偶然なのか、必然なのか。建築一家である木村家が原生林に囲まれた自然環境で暮らしていたことは間違いないが、さらに木村家の先が木材に関する国の研究機関だったとなると、また想像はふくらむ。

林業試験場の存在——そこに木村家と何か結びつきがあるとしたら、これほどまでに一家が建築に情熱を注ぐ理由の一端が見つかるかもしれない。

ミドリさんの兄が暮らした木造の家を武田さんが模型で再現

野幌原生林の視察に訪れた東宮殿下のために、明治四十四年に林行橋を造ったミドリさんの父は、「官林の仕事をしていた」とミドリさんやハルエさんをはじめ何人もの人が証言している。官林とはこの場合、原生林のことを指しているらしい。つまり木村家は、原生林の何がしかの仕事を請け負っていたということになる。

ミドリさんが物心ついたときにはすでに亡くなっていた祖父の木村万作は頭がよくて、林業試験場の上長も万作には頭が上がらなかったといわれる。そのため林業試験場が創設された当初から、木村家は何かと頼りにされる存在だったという。

ミドリさんの父も、父万作に似て頭がよかった。石数の計算が得意で、木の体積をそろばんではじき出して、どの木が何本あればどれだけの家が建つのか計算で導き出した。ミドリさんの兄悠さんも父から石数の計算法を教わって、みるみる上達していった。

木村家で受け継がれてきたこの才能は林業試験場のお偉いさんたちの知るところで、木材に関して分からないことがあるといつも、手土産を持って木村家に足を運ぶようになった。

こうして林業試験場と木村家はつながっていった。林業試験場は木村家の知識を頼りにし、その見返りに木村家は気兼ねなく原生林の木を利用することができた、ということだろうか。

ミドリさんによると、父は正直者としても知られていて、ほらを吹かなかった。木村家（加えて武田家）は正式な許可を得て原生林の木の伐採が許されていたのだが、他の村人はそうではない。林業試験場と村人の間でいざこざが起きそうになると、父は自分の立場を生かして間に入った。

例えば、木を勝手に伐って盗もうとする村人を見つけようものなら試験場の人は容赦しない。そこで父の出番となる。それも、父のやり方はちょっとユニークだったとミドリさんは言う。

父は無断で伐採された現場に試験場の人を連れて行き、木が持ち去られた場所で一緒に焚き火をする。父は「手をあぶれ」と言って、試験場の人の怒りを鎮めるのだ。試験場の人も手をあぶってしまったら怒れない。それで一件落着してしまう。

さらに村での聞き取りが蓄積されて、次のような事実が明らかになった。ミドリさんの母には兄弟姉妹が大勢いた。その兄弟姉妹が集まって、五町歩（約五ヘクタール）の畑を全部使って大きく木工所をやることになった。ミドリさんが新潟村で暮らしていた頃、木工所のある大本家の武田家からは毎日、十一時半と十三時に汽笛が鳴った。——武田家は新潟村において、煉瓦工場以外の産業を、それも内部から立ち上げた、木材の事業集団だったのである。

新潟村のことに詳しいとミドリさんの親戚たちがイチオシする、六番組に住む五十嵐《いがらし》さん（昭和十九年生まれ）の話によると、昭和にさしかかって林業試験場が村の外に移転してからも、木村家は木材に関わる仕事を続けていたという。木工所を開いていた大本家の武田家は原生林から木を伐り出す仕事、木村家は木材を運ぶ仕事をしていて、木村家の先には舟で川を渡る〝渡し〟があった。本家の武田家も郵便局を開く前は木材業をやっていて、商店を営み、農協の出張所のような役割を担っていたという。

武田家と木村家は「原生林の木を自由に伐ることができた」——。ミドリさんから幾度となくこの台詞を聞かされてきた。移民の中の一農民にすぎない武田家と木村家がなぜそのような特別な権利を手にしていたのか。不思議でならなかったことの実態が、ここにきてようやくのみ込めるようになってきた。

新潟村の中で林業試験場に最も近い民家は、大本家の武田家と木村家だった。両家は官林の仕事をするのに最も適した立地条件にある。そして彼らがはじめた事業は木材を容易に入手する環境をつくりだし、ここでの地位を不動のものにしていった。さらにその知識が林業試験場から認められていたことも、国（試験場）の管轄だった原生林で働くうえで強力なバックアップになったに違いない。

「原生林の木を自由に伐ること」は、官林の仕事を担う武田家と木村家に与えられた特別な権利であって、村人も容認していた。誰もが口を揃えて「武田家と木村家はすごい」と言うことと、両家が官林の仕事を受け持って一目置かれていたことには、深いつながりがあるようだ。

武田家と木村家は、原生林と新潟村をつなぐ窓口のような存在だったということになる。

村人の五十嵐さんは、「武田、木村、武藤の三家は建物も大きいし、他の家とは違う。この辺では特殊な家だ」と言っていた。

ミドリさんは、「うちは家を建てるのが趣味みたいな家系。みんな建て替えてばかりいる」と言っていた。

木村家が思う存分、建築に力を注ぐことができたわけ。木材をふんだんに使って他より大きな家を建てられたわけ。まわりが近代的な家を建てるようになってからも木造建築にこだわり続けたわけ。ようやくいろんなことが理解できた。一族が自宅の建て替えを繰り返す背景には、「官林の仕事」を通して自由に木材を入手できるという特別な事情があったのである。そして原生林との密接な関わりは時を経て、ユニークな木造建築へと結びつくことになった。

ミドリさんは言った。

「木を伐るところからうちでやるから、いいうちができる」

木村家と武田家は建築に情熱を注ぎ、自分たちで何でもやって、何度も何度も繰り返し家を建ててきた。それによってセンスを磨き、豊富な資源を生かしてオリジナリティあふれる建築物を生み出してきた。その成果はやがて内地へと渡り、ミドリさんの「電信柱の突き出た家」に行き着くのである。

ものづくり集落ができたわけ

林業試験場は現在、北海道林木育種場と名を改めて、江別市内の酪農学園大学付近で研究を続けている。そこに立つ昭和二年築の旧庁舎は、国の登録有形文化財に指定されている。細かな意匠が目を引くハーフティンバーの洒落た建物である。休日限定で開放され、地元の人が交代で管理をしている。

館内に入ると、昭和天皇がここに立ち寄られたときの写真が展示されていた。明治時代に当時の東宮殿下（大正天皇）が原生林を視察されたときの史料はここにはないが、東宮殿下もこうして志文別の林業試験場を訪れたのだろうと想像できる。

管理当番の男性と話しているうちに、ここで働いていた人々のことに話題が及んだ。かいつまむと、こういうことになる。

「野幌原生林は国有林で、林業試験場も国の機関だった。国のものであるということは、つまりは天皇のものだった。志文別の林業試験場で働いていたのはほとんどが新潟村の人であったが、天皇の管轄のもとに働いているわけだから立場としては偉いわけで、従業員たちは天狗《てんぐ》になる……」

この話をしてくれた男性は新潟村の出身ではないから、あくまで外部からの意見である。それでも林業試験場で働くというのは、やはり地元では特別なことだったのだろう。農業を生業《なりわい》とした新潟村で、彼らが一目置かれたのは分からなくはない。

武田家と木村家が暮らした六番組と七番組は、林業試験場に勤めながら農業をする人の多い地域だった。

もとをたどれば明治二十三年に新潟県の同郷が集まって形成されたのが、六番組と七番組のはじまりである。北越《ほくえつ》殖民社による野幌への入植は誰でもいいというわけではなく、困難を乗り越えられるだけの度量があると認められた選ばれた者たちだった。

そして、そこに武田家が含まれていた。川に挟まれて水に浸かりやすいこの地での毎日の生活は命がけのものだった。当然、誰もが新潟村での暮らしを存続できたわけではない。そんな中で武田家は近隣に分家を増やし、さらには議員までを出し、ここでの地位を不動のものにしていった。

明治四十一年になると六番組と七番組の境界になっている道の先、つまりは木村家の道の先に林業試験場が創設された。すると六番組と七番組の住民は林業試験場の労働人員となり、ここは「木材に関わる仕事を担う人が集まる地域」という新たな地域性を生み出すことになった。

――その地域が現在、家先に思い思いのアートを飾った、いわゆる「ものづくり集落」へと変貌を遂げている。

六番組と七番組は、新潟村の中のまさしく「木の村」だった。そんな木材の仕事に関わる人が集まった「木の村」の中軸に「木村」家はある。農林試験場の延長線上に立ち、六番組と七番組の中心に位置する木村家は、「ものづくり集落」の重要なポジションを占めていたといっても過言ではないのだろう。

木村家は、ミドリさんの父が敷地内に職人集落をつくりだし、それが子供の代で鍛冶屋になった。建築という大きなものづくりにおいては、ここぞとばかりに力を発揮してきた。早くからこの地に定住し、木材の事業を立ち上げた武田家と木村家は、「ものづくり集落」の土台をつくった存在だったといえる。

この「ものづくり集落」は、住人たちのためだけのものづくりに終始せずに、今なお発展を続けている。家先に馬車ぐるまのアートを飾った六番組のとある農家は、障害を持つ人たちによるものづくり拠点「ひまわりの舎《いえ》」になっている。たまたま家を貸してくれたのがこの農家だったというのだが、広い新潟村の中でよりによって六番組であることに、何かの縁を感じてしまう。

さらに江別には、木材を使って自分でコツコツと「スイス風」のユニークな木造の家を建てるのが好きな、ちょっと名の知れた男性が住んでいる。彼が何やらまた大工仕事に精を出して、平成二十一年の夏にレストランをオープンすることになった。それが志文別の林業試験場の跡地である。たまたまその土地が手に入ったからだという。

みんな「偶然ここだった」と言うのだが、志文別における〝原生林〟と〝林業試験場〟と〝武田家や木村家〟を結ぶ関係が、ものづくりへの情熱やクリエイティブな発想力を喚起し、江別のどんな住宅とも異なる独創的な建築物を生み出してきた。それがまた、ミドリさんや「電信柱の突き出た家」の個性へとつながっていく。たくましさとユーモアをあわせ持ったミドリさんのありようは、こうした新潟村での今と、きっと深くつながっている。

取材の最終日、「ひまわりの舎」で働く主婦の車に乗せてもらって、新潟村をあとにした。

第五章

電信柱の突き出た家と六尺の大男

❖課長をギャフンと言わせて退社

木村夫婦が平塚に引っ越して来たのは、家が完成してから七年後のことだった。仕事を辞めたときに行き場所がなくなってしまわないように、余裕を持って家を建てておいたのだった。とはいえ、家が建った七年後の入居となると、余裕の範疇をとうに超えている。会社がなかなか辞めさせてくれず、引っ越しが延びてしまったのが原因だった。

しかし、この二人にはお得意の部屋貸し作戦がある。七年間は夫婦が住む予定の部屋も人に貸し出し、立派な収入源になっていた。その間もミドリさんは相変わらず料理を作り、寮生や鳥とたわむれ、けんかの仲裁やらそろばん競争やらと、充実した日々を送っていたのであるが、そんなある日、突然その「事件」はやってきた。

寮では火事になったときのために、消防訓練を受けていた。ある日のお昼どき、寮の隣にある大学の学生寮でストーブから出火して火の手が上がった。関西ペイントの寮には消火道具のホースなどが置いてあったので、ミドリさんと同僚が二人がかりでホースを持って、消防車が来る前に火を消し止めることができた。

その行為が認められて、二人は消防署から表彰された。独身寮のそばには幼稚園がある。園児全員が取り囲んで見守る中で表彰式が行われ、賞状と金一封と酒一升が手渡されて、新聞にも紹介された。木村家は夫婦で酒が飲めないから酒は寮生に飲ませて、お金は晩のおかずを買ってなくなった。

ところが、もともとそりの合わなかったある課長が「水道料金が上がった」とミドリさんに文句を言ってきた。火を消さなかったら、水道代どころか建物がなくなっていたかもしれないのにである。

「課長っていう物体を背負って歩くわけじゃあるまいし、課長だからって威張ることはない」

普段からそう思っているミドリさんは、課長に文句を言われても気にならない。ただ、一度ギャフンと言わせてみたかった。

そこでミドリさんは仕事を辞めるとき、課長にさんざん言ってやってうっぷんを晴らした。寮生からは拍手が起きた。

「課長でも、やめてしまえば、ただの人」

ミドリさんは力強くこう言って、話を締めた。

長年の勤務で常に寮生から慕われていたミドリさんは、毎年開催される関西ペイントのOB会「カンぺの会」で、今も寄ってたかってみんなに話しかけられる。それもお爺さんになった元寮生が「おばさーん」と言いながら抱きついてくる。みんな歳をとった。次のカンぺの会では、ドッキリを仕掛けてやろうとミドリさんはたくらんでいる。プロのカラオケの先生と日本舞踊の先生を連れて行って、歌と踊りを披露させるのだ。費用はもちろんミドリさん持ちだ。

「だってね、女は五～六人だけ。男はみんなドラ声で歌うだけさ。きれいな女性、見せなきゃ」

毎年ドラ声のカラオケを聴くうちに、本物を見せてやろうと思いついた。みんな喜ぶだろうと胸躍らせる。これが、関西ペイントに対するミドリさんからのありったけの感謝の気持ちである。

ところがこの計画は結局、中止になってしまった。時間に限りがあるからと、事前にお断りされたのだという。今年も、カンぺの会ではドラ声が響き渡ることだろう。それでも華のミドリさんがいるだけで、みんなは十分に喜んでくれるはずだ。

夫婦で約二十年間勤めた関西ペイントの独身寮の生活は、昭和四十九年にとうとう幕を下ろすことになった。夫は六十七歳、ミドリさんは六十一歳になっていた。

――ミドリさんの新たな人生が、はじまろうとしていた。

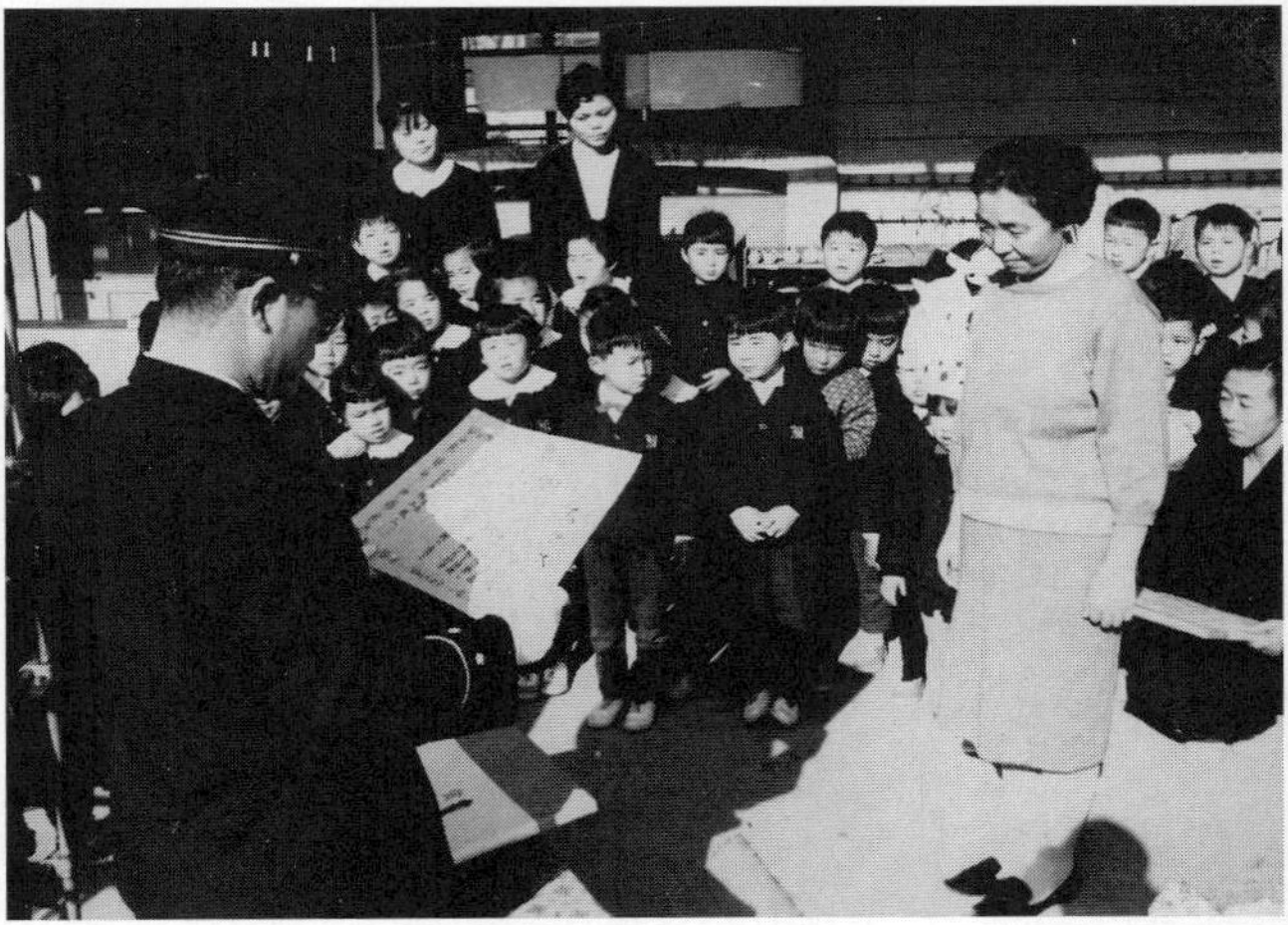

火事を食い止めて消防署から表彰される

❖ ラップ調なご近所付き合い

待ちに待った引っ越しは、昭和四十九年十二月三十日のことだった。よりによってこんな慌ただしい時期になったのは、会社の都合らしい。寮生が田舎に帰る時期でもないと、簡単には辞めさせてもらえなかったのだ。年末の引っ越しでは、落ち着いて年も越せなかっただろう。

引っ越したら最初にすることは、ご近所への挨拶まわりだ。ミドリさんは挨拶の品として、海苔《のり》とタオルを買い揃えた。なんて無難な贈り物なのだろうと思うが、これにはきちんとしたわけがある。

海苔は一缶に入っている枚数が多くて、一枚ずつ食べるものだ。だから海苔がなくなるまでの長い日数、海苔を食べるたびにミドリさんのことを思い出してもらうことができる。海苔は最高の贈り物、というわけなのだ。なにかにつけ海苔を送るのがミドリさんのこだわりだという。タオルも日用品だから同じような考えがあるのだろう。やはり、なかなか奥が深い。

ところが海苔とタオルに込めた思いも、近所の人には伝わらなかった。ある家に挨拶に行ったときのことである。その人は木で鼻をくくったような態度で、東京から来たミドリさんを「よそもんか」と冷たくあしらった。そう言われると、ミドリさんも黙ってはいられない。ここは大きく、「日本人です」と反抗心をむきだしにした。東京だろうが、神奈川だろうが、日本人に変わりはない。それに日本人だからどこに住もうと構わない。

さらにその人は、「大きな家を建てられたおかげで、家から富士山が見えなくなった」と文句を言った。これにもすかさず、「規定以上の家は造っていません」と正論で対抗した。品物も「いらない」と断ってきたから、「渡すのは今回きりで、次からは何も贈らないので、今回だけは受け取ってください」と言って、押し付けてきた。「俺はやりとりはしない」と言われて、それっきり。だからこの人にはそれ以後、何もあげたことがない。

その人は、道ですれ違っても挨拶もしてくれない。ミドリさんは「人間っておもしろいものだよ」と切り出して、「おはようくらい言ったってバチはあたらないだろう？」と私に同意を求める。しまいには「人間の皮かぶった人間か」と、皮を剝《は》いでも結局は人間なのか？　と突っ込みたくなるようなたとえを出して、彼の人間性を説明する。

その人とは数十歳離れている。だから今では「へつらって、おはようと言う歳でもない」という考えに至っている。もちろん、ミドリさんのほうが歳上だ。

「どんな曲がった家にも戸はたつ。曲がった口に入る戸はない」

と、ミドリさんは言う。口をふさぐ戸（手段）がないくらい手におえないという、「よそもん」扱いした人を皮肉ったこの言葉からは、建築好きなミドリさんの価値観が滲み出ている。

どんな土地にも地域性はつきものである。住んでみないと分からないこともたくさんある。この地域は「須賀《すか》のすっとんきょう」と言われていたという。「すっとんきょう」とは、人を小馬鹿にしているというニュアンスがある。須賀はこの地域の旧村名で、漁師町という特殊性があった。住民は漁師が多く、気が荒い。団結心があるからか、地域の人でまとまってしまう傾向がある。よその人が入りにくく、噂を立てたり、平気で「あんた誰だ」と聞く。だからミドリさんのように外から引っ越して来ると、「よそもんか」と冷たくあしらわれてしまうのだ。

しかし、ミドリさんにはこんな地域の特殊性でさえもおもしろがってしまうような、持ち前の明るさがある。犬を飼いはじめると、毎日散歩をするようになった。すると、近所の高校生たちが学校の帰りに電話ボックスで私服に着替えて遊びに行くのが気になって仕方がない。そこでミドリさんは高校生たちに直接、意見してみることにした。

予期せぬおせっかいな老人（まだ六十代）の出現に「よーよー、関係ないじゃんかよー」と言って、高校生たちはゲラゲラ笑っている。

「よーよー、じゃんかよー、とはなんだ。その言葉づかいは」

かつてこの地域では、呼びかけに「よーよー」、語尾に「よー」を付ける方言が使われていた。ミドリさんはこの言葉づかいが不思議で仕方がない。一方で、使っている本人たちは、自分の言葉づかいが不自然とは思っていないから、ミドリさんの言うことが不思議で仕方がない。ミドリさんが何か言うたびに、ゲラゲラ笑っている。

しまいには高校生から「それは犬か、タヌキか」と逆に突っ込まれてしまった。

「高校生にもなって、そんなことも分からないのか。タヌキはこんなところを連れて歩かない。犬だ」

さすがの高校生も、ミドリさんにはかなわない。ここまでくると、言葉の壁・文化の違いを超えて、すっかり打ち解けてしまっている。

ミドリさんの飼い犬は、タロウとタカといった。タロウはミドリさんが子供の頃に飼っていた犬と同じ名前だ。犬の場合、オスは「タロウ」、メスは「タカ」とたいてい名前が決まっているのだという。

タロウという名前は「一姫二太郎」、タカは「一富士二鷹三なすび」の文句に由来している。そう言われると少しは説得力を持ったような気がするものの、ますます犬とは関係がない。メス犬の「タカ」に関しては、犬ではなくて鷹である。ましてや、初夢の縁起物を並べた「一富士〜」とメスは何も結びつかない、と思うのだが……。

ミドリさんは高校生から完全に顔を覚えられてしまったから、散歩の途中にすれ違うといつも「よーよー、犬じゃんかよー」と話しかけられる。すると犬が立ち止まって、高校生を見つめたまま視線を外さない。

「なんだ、その態度は。犬がじーっと見てるじゃないか。犬は人間の言葉が分かるんだ。『犬がおいでなさっている』と言いなさい。人間より犬のほうが身分が上なんだ」

江戸時代の「生類憐《しょうるいあわれ》みの令」の再来さながらの発言に、高校生は、またゲラゲラ笑う。一方のミドリさんも、他人からどう見られようといつもこんな感じで、高校生との会話を楽しんだ。


「よーよー」は、すっかりミドリさんのお気に入りになっている。

ラップみたいでノリがいい。

挨拶まわりには海苔がいい。

そして早速この言いまわしを使って、挨拶まわりで「よそもん」とあしらってきた人の物まねをして見せてくれた。

「よーよー、おめえどっから来たんだよー」

「YO－YO！　ノリなんかいらねーYO」

海苔を拒否されても、ノリだけはいい湘南ラッパーの誕生である。こうしてミドリさんの湘南ラップを聴いていると、なぜか悪口には聞こえない。

それにしてもミドリさんはトンチが利いて、ラップができて、そのうえ九十の大台に乗ったのだから、この世に怖いものはない。

❖ 課長室前の戦いで「敵に水を送る」

家が建った昭和四十二年、トイレはまだ汲《く》み取り式が一般的であったが、東京ではすでに水洗トイレが普及していた。役場へ行ったときに「平塚もそのうち水洗になる」と近くで話しているのを小耳にはさんだミドリさんは、水洗の時代はそう遠くはないはずだと踏んだ。

ミドリさんはすぐに水道課に手紙を書いて、「市内に家を建てようとしているのだが、いつから水洗になるだろうか」と疑問をぶつけた。すると、葉書にぎっしりと文字が詰まった返事が届いた。三年後だとの回答だった。三年後に水洗になるならば、家の造りようがある。

早速、水洗トイレにすることを想定して、パイプのサイズなどを調べて建物にすぐに取り付けられるようにした。あとはパイプをつなげばいいだけの、水洗対応型トイレである。料理学校の魚菜先生が三角形の浄化槽を勧めてくれたので、それも取り付けることにした。

家が完成した当時、近隣で水洗トイレを取り入れているのは、まだ歯科医とミドリさんの家の二軒だけだった。

「水洗なんて駄目だ。水道代がかかる」

海苔の受け取りを拒否した人からは、さんざん陰口をたたかれた。近所の人たちにとって、トイレを水洗にするということはまだ理解しがたいことだったのである。

ところが水道課の予想よりもはるかに早く、水洗の波はやって来た。水洗に理解がなかった人たちも、家を建て替えるときにはみんな水洗にしている。どの家も改装工事にお金がかかって大変だった。ミドリさんの家は、流れをいち早く取り入れたことが功を奏したといえる。

水道課の人たちにも親切にしてもらって、ミドリさんは心から感謝した。

ところがしばらくすると、今度は水道課と大げんかをしてしまうことになる。

約束の日にミドリさんが役場に出向くと、いくら待っても担当者が役場に戻って来ない。どこかの工事現場で、もめごとが起きたのが原因らしかった。

水を引くやりとりをしに役場を訪れたミドリさんだったが、相手が約束の時間を守らないとなると、黙って帰るわけにはいかない。水道課が本来やるべきことをさとすために、お得意の調子で説教を開始した。

「上杉謙信と武田信玄は何をやってけんかしたか知ってるか」

「………」

「水も塩もやりあって、けんかしたんだ」

川中島の戦いで二人は戦ったけれど、新潟出身の上杉謙信は相手のことを思って、武田信玄に塩を送った。「敵に塩を送る」という言葉はここから来ている。だから〝水〟は本来なら関係ないのだが、この際そんなことはどうでもいい。歴史上の偉人たちはたとえ敵であっても、相手を思いやる気持ちを忘れていない。「けんかしてでも、立派な人だったら水をきちんと送るべきだ」ということだ。

ましてや、水道課は水を送るのが業務である。けんかするだけけんかして、気持ちよく水は送ってもらうというのがミドリさんの魂胆だった。

上杉謙信と武田信玄を引き合いに出されて、相手は言い返しようがない。それでも、課長を出せというミドリさんの要求に水道課が応じることはなかった。

結局「今度、直談《じかだん》やるからね」と言い残していったん家に帰り、ゴザ一枚を持って再び役場へと引き返した。おそらく「ゴザ」というのは、そのときのミドリさんの意気込みを的確に伝え、話を盛り上げるための会話上のツールなのだと思う。だから本当はゴザは持って行かなかったのかもしれないが、とにかくゴザを持って行くくらいの勢いで、ミドリさんは役場へと向かったということだ。

「椅子《いす》はいらない。夜もこの服のまま寝るから」

そう言い放って、課長室の前で「ゴザを敷いて」、ミドリさんは座ったまま動かない。本当は中に課長がいるのだけれど居留守を使っているから、ミドリさんが居座る限り外には出られない。とうとう相手は折れて、役人たちは、指でバツじるしをつくりあって降参したという。

上杉謙信から塩を送ってもらった「川中島の戦い」は勝負がつかなかったけれど、「課長室前の戦い」は水道課から水を送ってもらい、ミドリさんの勝利で幕を閉じた。

「ゴザを持って」堂々と帰ってきたミドリさんを見て、「大っぴらにけんかしたなー」と夫は言った。

ところがその夫が同じ水道課と、今度はミドリさんの上をいくけんかをすることになって、役場で一躍有名になってしまった。何しろ夫は、声をからして役場から帰ってきた。それを見たミドリさんは「あんなところで大きな声出さなくても聞こえるのに」と言って呆《あき》れ果てた。

事の発端は、またまた水道のトラブルだった。庭の中心部にある石の下をくぐったところに、水道の蛇口がある。百メートルくらい水道管を通すのに値段を比べようと、敷地内の二カ所から別々の業者で見積もりをとった。そうしたら数十万円も違う。そこで夫の怒りが爆発する。

「この開きは何のためか。人を馬鹿にするな。誰が雇ってるんだ」

水道工事は、市の指定業者のみが行えることになっている。水道課が把握していないとは何事か、というわけである。

夫は声をからしながらけんかをして、半日かかってやっと家に帰ってきた。それなのに、一つ言い忘れたことがあるという。それを言うために、今度はミドリさんが水道課に電話をかけることになった。すると、さっきまでの夫との大げんかがあるから、相手のしゃべり方が尋常ではない。やたらとペコペコしている。そのか弱さぶりがあまりにもおかしくて、ミドリさんはこらえきれずに笑ってしまった。

この夫婦の、けんかへの熱意はどこから来るのかと半分あきれさえするが、二人とも感情のおもむくままにけんかをしているわけではない。負けるけんかは、最初からしない。相手は行政である。何でももとをつかんでからけんかをする。「行政は肝っ玉が小さいのに、ちょっと偉くなっただけですぐ威張る」ところが許せないらしい。

「育つほど～　頭をさげる　稲穂かな（「実るほど頭の下がる稲穂かな」）」

ミドリさんはこの言葉で、きれいに話を締めくくった。

❖ 電信柱を家の中に入れる

家を建てる物語には、まだ続きがある。昭和四十二年に完成した家は五十五坪の敷地の東側に立ち、現在の半分の大きさだった。

土地の西隣には関西ペイントに魚を納めていた魚屋の土地があり、そこにはアパートが立っていた。ところが水洗トイレが主流になると、汲み取り式のアパートは時代に取り残されるようになっていった。そのうえアパートは部屋数が多いから、改装にはお金がかかりすぎる。それならば、取り壊して土地を売ってしまったほうがいい。

当然、白羽の矢が立ったのは木村夫婦だった。「こっちの土地も買ってくれ」と、魚屋からしつこく言われるようになった。あまりにしつこいので昭和五十一年に土地を購入して、家を増築することにした。

新たに購入した土地は五十坪と言われたから五十坪の値で購入したのに、実際に測ったら五十五坪ある。買ったもん勝ちである。しかも「現金で購入するからまけてくれ」と言ったら、百五万円まけてくれたという。

購入した当時、時代は高度経済成長期である。土地の値段が著しく上がっていた。このときに売ってしまえばよかったとも思っている。しかし、もしそこで売ってしまっていたら、電信柱が家から突き出ることもなかったし、ミドリさんと私も出会わなかった。

「電柱は家の中に入れたい」

こう言いだしたのは、夫だった。

「外だとみっともない。家の中に入れれば収まりがいい」

こんなことを大真面目に言われたら、私ならきっと、ポカーンとしてしまう。不意な発言がおかしくて、ドカンと笑いだすかもしれない。その点、ミドリさんは夫がいつも奇想天外な発想をすることをきちんと理解していて、電信柱の突き出た家に自分が住むかもしれないことを、現実として受け入れている。

そればかりかミドリさんさえも、「電柱教」の信者のごとく、「電信柱は家の中に入れたほうがいい」と信じてしまっている。

「電柱を中心として家を建てると、風が吹いても台風や地震がきても倒れない丈夫な家ができる。これが一番丈夫なつくり」

ミドリさんは、こう言い切る。そして、そのことに自信と信念を持っている。

確かに「電信柱は倒れない」というイメージを持つ人は多いかもしれない。そうはいっても、一階から二階、さらに屋根を突き抜けて、家の中央から電信柱が突き出ているのだ。雨漏りの心配があるだろうし、屋根の上からこれだけの長さが突き出ていると、逆に風が吹けば揺れるのではないだろうか。このような問題を考えてしまうのは、「一般的な家」の枠組みにとらわれすぎているからなのだろうか。

本来ならば家を建てるとき、電気を引くために外壁に穴をあけて配線を行うことになる。しかし、電信柱を中心に家を建てて、アンテナも配線もすべてこの電信柱から引くようにすれば、いたずらに壁に穴をあけなくてすむので家が丈夫になる、とミドリさんは説明する。そう言われると、説得力も出てくるようには思うのだが……。

電信柱は耐用年数があるので、古いものは使わない。東京電力から高さ十五メートルの新品を十五万円で購入した。自由なようで、電信柱にもルールがある。電信柱の六分の一は地下に埋めなければならないと定められている。規則に基づいているかどうか、この家にも東京電力の人が点検に来た。

電信柱は地震や風で、最大七センチ幅に揺れる。震度七の地震が襲っても、それ以上は揺れないという。そのため、この電信柱のまわりは七センチの隙間を設けている。雨漏りがすると困るので、隙間には銅板の帽子を被せた。

さて、電信柱をいかにして家の中に入れたのか。

実はこの電信柱は最初に建てた家と二回目（増築の際）に建てた家の継ぎ目に立っている。家を建てる際は、隣の家から最低三尺（約九十センチ）ほど離して建てるのが一

増築工事で電信柱が家の中に

般的である。そこで今までの家から少し離して新たに購入した土地に家を建て、間に電信柱を立てて壁でつないだ。

だから東の旧館に西の新館が加わって、家の中央から見事に電信柱が突き出ている。造り方もデザインも統一性があるから、見ただけでは東西で築年数が違うとは気づかない。L字形の短いほうに建て増ししたから、L字の長さが逆転して、大きな曲がり屋として存在感を増すことになった。

家が完成した当初、電信柱は現在よりも六尺（約百八十センチ）分背丈が高く、通常の電信柱の上にさらに「六尺の大男」が立っているような姿で高くそびえていた。電波が届かなかったから、アンテナを足して高くしていたのである。

この家の電信柱はもともと存在感があった。だから、六尺違うだけでも、目立ち方は相当違ってくる。「この電柱はどうなっているんだ」と、いろいろな人がよく訪ねて来たという。こういう訪問者は決まって門前払いを食らうことになった。電信柱に引き寄せられて訪ねて来た野次馬たちのなかで相手にしたのは、私だけらしい。建築意匠にも惹かれたことが功を奏したのか、名誉なことでなんだか誇らしい。

そのうち中継所が近くにできて電波が届きやすくなったため、電気屋に頼んで六尺分のアンテナを降ろしてもらうことになった。屋根の上から空へ突き抜ける電信柱の、さらにてっぺんのアンテナを取りに行く作業は、恐怖を伴う。電気屋は「声をかけるな」

と言って電信柱に登り、死にものぐるいでアンテナを降ろしてきたそうだ。

屋根といえば、屋根のペンキの塗り替えは、ミドリさんの役割だった。自分でひょいひょいと屋根に登って、定期的に屋根瓦を塗り替える。「職人よりもうまい」と自己評価する。

「屋根につかまって塗るから怖くない」

軒や屋根の下のほうは寝転んで塗り、屋根の高い位置は屋根瓦につかまって塗る。寝転んでペンキを塗ることに私が驚くと、「だって足かけるところがあるから」と、当たり前のように返された。屋根への登り方も、「梯子をかけて」、「屋根までとどく梯子を持ってる」と言って、梯子がしまってある場所を指さした。

一方、夫は高所恐怖症である。屋根に登ったことがない。屋根に登るミドリさんの下で地に足をつけて、建具などの塗り替えを担当した。

八十歳を過ぎるとさすがに「怪我でもしたら大変だから、屋根に登るのはやめたほうがいい」と、まわりから言われるようになった。

「婆さんは、ケチん坊だ」「ざまー見ろ、ケチで死にやがった」

このように言われるのが嫌だから、八十五歳で屋根のペンキ塗りを引退して、松下電器（現パナソニック）に勤める隣の住人に頼むようになった。

ミドリさんは屋根登りの経験が豊富だから、電信柱のてっぺんまで登ってアンテナを取ってきた電気屋の気持ちがよく分かる。アンテナを記念に持って帰るようにと言ったら、喜んで持って帰ったという。

電信柱の突き出た家――発案の祖である高所恐怖症の夫は、この家をよっぽど気に入っていたようだ。何しろこの家は、「これでもか」というくらいに自信に満ちている。青い屋根瓦には黄色い扇模様の棟飾り。家紋が施された雨樋には、銅板葺きの雁木(せり出した軒)がほどよく調和し、軒に沿ってすらりと延びた縁側に、やわらかな日射しが降り注ぐ。

どこからでも日が当たるという、この大きな二階建ての曲がり屋は、ぐるりと一周、すべての部屋に大きな窓が設けられている。各部屋の窓にそなわった戸袋は、矢羽《やばね》が二本交差した家紋がモチーフの「違い矢羽」のデザイン。同じ「矢羽」だが、どれ一つとして同じデザインのものがない一点物の戸袋。裏側は建物が密集していてどこからも見えないにもかかわらず、そこさえも「矢羽」のデザインを一つひとつ変えているこだわりようである。特に木村夫婦が住む部屋の「矢羽」は手が込んでいて、たった一枚の戸袋を作るのに大工が一日がかりで取り組んだという。

曲がり屋の東端、木村夫婦の居間から続く小部屋のガラス窓には、木戸の代わりに鉄柵が設けられ、大きく松竹梅がかたどられている。そして縁側をL字に伝い、西端の玄

家紋が施された雨樋

松竹梅がかたどられた窓の鉄柵

関の壁面は、一階と二階でそれぞれに、意匠を凝らした建具細工が目をみはらせる。一階は「富士山と天橋立《あまのはしだて》と投網《とあみ》」、二階は「瓢箪に竹と雀」のデザインである。絵画を鑑賞しているような、精巧さが美しい。

一階の縁側に対して二階では、庭に面して木の欄干が存在を強調するかのように連なっている。バツじるしを基調としたシンプルなデザインながら、クリーム色とこげ茶色の二色の彩りで表現した大胆さが、かえって建物と溶け込んでいて洒落ている。

そして家から少し離れて建物全体を見渡すと、空高くそびえ立つ電信柱が目に飛び込んでくる。複雑なかたちをしたこの家の守護神のごとく、中央にどしりとコマの心棒のように突き刺さって、均衡を保っている。「電信柱は家の中に入れると収まりがいい」というミドリさんの夫の言葉を思い出す。

「ほら、俺の言ったことに間違いはないだろ?」

完成した家を見て、夫はこう言って威張っていたという。

❖ 大鵬が両腕を広げる大庭園

ある夏の日、私はミドリさんの家の庭につめて、この家の全体像をつかむために朝から晩まで黙々と実測をやっていた。そこへさっそうと訪ねてきたのが、ミドリさんの友

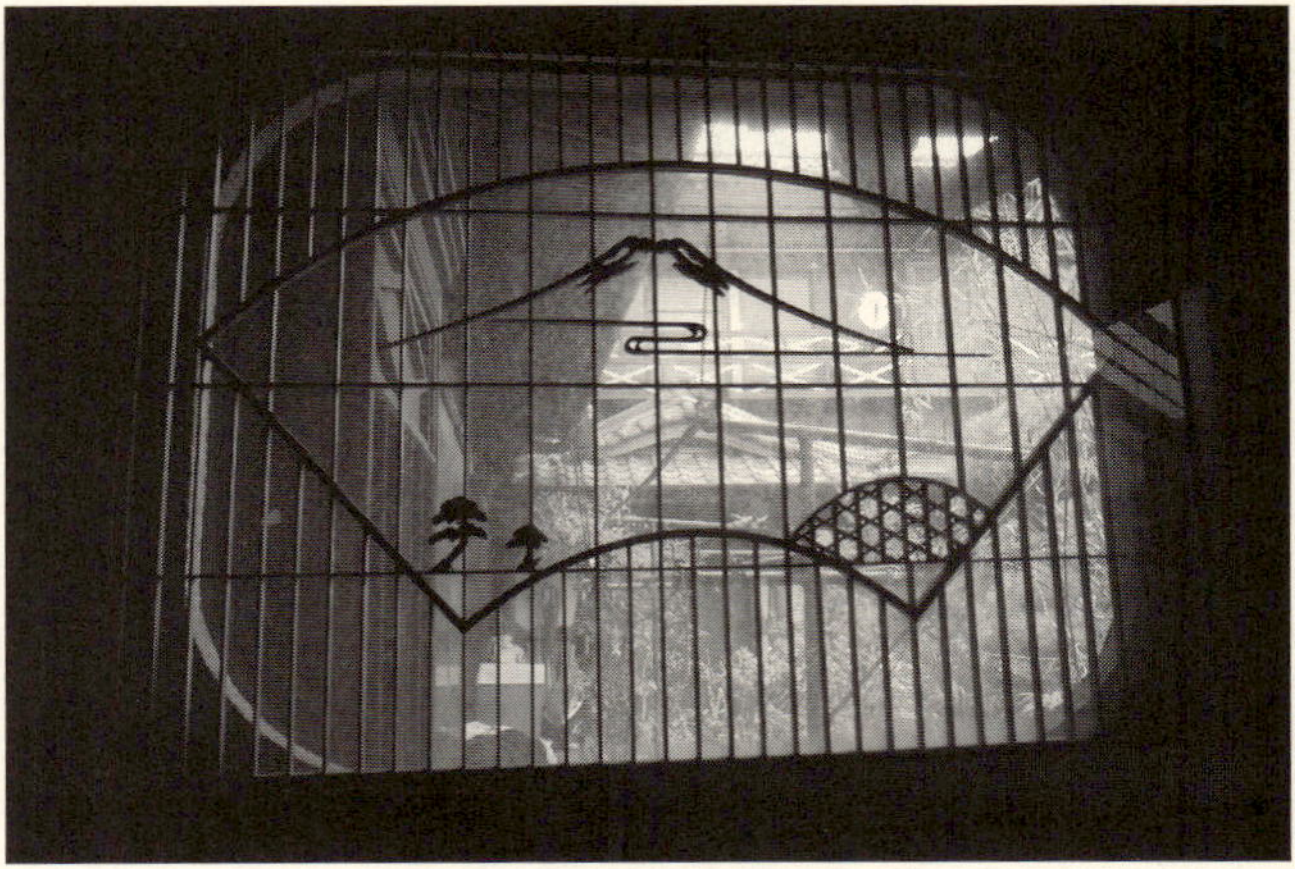

富士山と天橋立と投網の建具細工

二階の欄干

人のお婆さんだった。玄関へは回らずに、縁側の戸を開けてミドリさんに声をかけている。そのまま縁側で井戸端会議がはじまった。おもしろそうだから、私もさりげなくメンバーに加わってみた。

私がそれまで庭でガサゴソと長さを測ったりしていたことを踏まえて、まずはミドリさんが「この人は建築をやってて……」と私のことを紹介しだした。

「いいことやってるわねー」

お婆さんは、異様なくらい絶賛する。「よーよー」とは言わないけれど、ノリがいいのだ。「そうだよ」とミドリさんもすかさず話に乗っかった。自分のことのように自慢げに、建築はいいことだと、しっかりと主張した。ところが、そこからミドリさんの話は脇道へとそれはじめた。

「そうだよ。屋根に登ったら落ちるけど、建築家は図面を机の上で書くから、落ちることはない」

ミドリさんの意表をつく一言に、誰も返す言葉が見つからない。建築は素晴らしいという話だったのに、建築家は屋根から落ちないからいいのだという話になってしまった。

この話の前まで、私とミドリさんは屋根の話をしていたのだ。しかし、そのときミドリさんは「屋根はつかまっていれば落ちない」と主張していた。猿も木から落ちる。ミドリさんも屋根から落ちた……ことは一度もないという。

ミドリさんはお婆さんのことを「この人は絵が好きで、家の絵を上手に描くんだよ」と私に紹介した。

「そう、家の絵ばかり描いてるの。絵の先生についてもう二十年になるんだから」

このお婆さん、なかなかのインテリのようである。

「あんたは絵が描けるからいいよ。こっちは恥ばっかしかいてる」

お婆さんは自分が絵を二十年続けていることをさりげなくアピールして、ミドリさんもお得意のトンチを披露して、また和やかな雰囲気になってきた。

ミドリさんはこのお婆さんの絵が大好きで、貰った絵を人にあげてしまわないように、奥の部屋に隠している。「あげればいいじゃない。またあげるから」とさんざん言われても、「気に入ったから貰ったんだ」と言って譲らない。そうとうお婆さんの絵が好きらしい。

お婆さんが私に話しかける。

「あなたもいいことやってるわね。この庭が好きで来てるんでしょう」

私とミドリさんは一緒になって、「いや……」と言いかけて、続きを濁した。お婆さんにとって「家」というのは建物ではなく庭を意味する言葉であって、家好きイコール庭好きなのだ。三人ともこの家が大好きなのに、違う視点で「家」を見ていて、それぞれの「好き」を持っている。同じ縁側に座って一緒に会話をしているのに、それぞれ違う解釈で同じ会話を楽しんでいる。

「私はこの建物が好きなんです」

「庭ね」

お婆さんには庭しか見えていない。

「いや、電信柱を」

「………？」

お婆さんの頭の上に疑問符が浮かんだような感触を、私はしっかりと感じとった。彼女はミドリさんと親しくていて、よく家に遊びに来ていながら、この家の電信柱の存在を知らないのだ。同じ景色を見ても連想するものは、きっと人の数だけあるのだろう。庭に夢中になっていたら、屋根の上など目に入らない。みんな自分が好きなものを世界の中心に据えて、それぞれの日常を生きている。


お婆さんが大好きだという、ミドリさんの家の庭。この家を見て、「庭が素敵」と思う人は多いようだ。なにしろ、美しい建具細工に囲まれた日本庭園のような庭である。家紋を施した門に覆いかぶさった松。橋の架かった大きな池。四季折々の顔を見せる植物たち。とても居心地がいい。

特に植木に関しては、さまざまな種類のものをトラックで運んできているため、盛りだくさんで見応《みごた》えがある。特に赤い太鼓橋の近くの松は、ミドリさんの一番のお気に入りだ。あまりに気に入っているので、この松に「大鵬《たいほう》の手数入《でずい》り」という名前を付けた。相撲界で一世を風靡《ふうび》した横綱大鵬が土俵入りで両腕を広げたときの姿に、松の姿がそっくりだからだという。

大鵬は、樺太《からふと》生まれの北海道育ちである。当時、子供が好きなものとして「巨人・大鵬・卵焼き」という言葉が流行したほどの人気ぶりであった。そして、土俵入りで両腕を広げる作法を「手数入り」という。以前は「大鵬の手数入り」に木の名札を付けるほどの溺愛ぶりで、夫にあきれられていたという。

――木造の曲がり屋に囲まれた、ひときわ異彩を放った庭園を見ていると、ここが劇場であるかのような錯覚に陥ってくる。劇場といってもオペラを上演するような西洋の劇場ではなく、〇〇座と名が付くような、日本ならではの木造の芝居小屋だ。

縁側の一階席と欄干の付いた二階席。舞台に華を添える松の大木と、舞台に埋め尽くされた脇役の植木たち。

舞台装置の整った最高の演出で、拍手喝采《かっさい》を浴びて登場したのは、かつて一世を風靡した千両役者「大鵬」の、演目は「手数入り」である。赤い太鼓橋から登場し、ここぞとばかりに、両腕を大きく広げている。

そこへ、門に覆いかぶさった名のない歌舞伎役者「松の大木」が上から大鵬ににらみをきかせる。夫のお気に入りとして、一番高値でこの劇場へやって来た松の大木は、夫亡き今、すっかり主役の座を大鵬に奪われて、配役も舞台の隅っこという有り様だ。

それでもすらりと伸びた長身を武器に、芝居小屋のシンボルである電信柱を望む景観の中の重要な役割を確立させて、再び脚光を浴びる日を夢見て、草の根的な努力を続けている……。互いの個性を尊重することで、大鵬との仲はすっかり良好さを取り戻したようだ。

舞台も終盤に近づいてきて、クライマックスには大鵬の上に紙吹雪——。

そう思ったのもつかの間、これはどうやら紙吹雪ではなくて、年に六回行われる消毒散布の模様である。「自分の庭だと思ってやれ」と言う、かつてりんご農園を経営していたミドリさんの指導のもと植木屋は、植木の「表二分に裏八分」を徹底して余念がない。黒子《くろこ》の植木屋は、役者を陰ながらに支えているのだ。だからこそ、スーパー歌舞伎役者「大鵬の手数入り」は輝いている。

ミドリさんに溺愛されて育ったことを感じさせない気迫の演技に、私も思わず「大鵬の手数入り」ファンになっていた。よっ、大鵬の手数入り！　ここは湘南風に「よーよー、大鵬の手数入りっ！」といきたいところだ。

門の外からも窺える美しく迫力ある庭木

❖ 北海道と佐渡島を橋で渡した夫婦の絆《きずな》

手間ひまかけて愛情の注がれたこの庭が、人々の心を和ませるのは納得がいく。木村夫婦は庭の設計に、遊び心あふれるたくさんの工夫を取り入れた。この庭に美しさを感じ、居心地のよさを感じるのは、それらの試みが実を結んだからだろう。

入り口には、庭の木々と見事に溶け込んだ二つの門が立っている。東側に立っているのは最初に家を建てたときに造った門で、西側に立っているのは増築の際に造った門である。西側の門は東側のものよりも大きくて、正門として機能している。

両方とも観音開きの門として、扉には大きな家紋が施されている。しかし、何よりも夫婦が一番こだわったのは正門の銅板葺きだ。すべてを銅板で葺くのではなく軒先や塀などちょっとしたところを銅板葺きにするのが味噌だという。淡い緑色が錆びかかって温かみのある銅板葺きは瓦屋根とほどよく調和して、庭全体に彩りを添えている。

銅板葺きは、ただまっすぐ葺くのであれば簡単に葺ける。それをあえて、この家では高度な技術を要する菱葺きにしている。菱葺きはベタ葺きができず、小さな升形の銅板を一つひとつ噛み合わせて葺いていく。一番手間がかかる分、きれいに仕上がる。夫も「屋根は銅板の菱葺きでないとダメだ」と言う。ミドリさんいわく「もの好きでないと

「違い矢羽」のデザインがはめ込まれた東門

銅板の菱葺きの正門

やらないやり方」なのだ。

私がまだこの家が建つまでの背景をほとんど知らなかったとき、東北からの帰りに立ち寄ったことがあると前述した。そのとき、この家に思わず東北らしさを感じて感激したのは、曲がり屋の建物だけでなく、東北で美しい銅板葺きにたくさん接してきた後に、同じ銅板葺きの門を目にしたことも大きかったのだとつくづく思う。

菱葺きの正門をくぐると、そこからミドリさんの部屋へ行くには、赤い太鼓橋を渡っていくことになる。

そして橋を渡りながら庭園を見渡すと、庭の中央には大きな池があるのが見える。植木が多すぎて池の全体像は分かりにくいが、いびつな形をしていて、よく見ると池は二つに分かれている。小さな池は夫の出身地である新潟県佐渡島、大きな池はミドリさんの出身地である北海道の形を模したのだという。二つの池は、橋を架けてつないでいる。小樽《おたる》に位置するところにも遊び心で橋を架けた。

それぞれの出身地をかたどった池を造ったのは、夫のアイデアだった。佐渡島と北海道の池の境は、最初に購入した土地と二回目に購入した土地の境界線になっている。最初に造ったのは佐渡島だった。土地も半分だったから庭も狭く、小さな池だった。昭和五十一年に土地が増えると、庭は一気に広くなった。そして石をいっぱい持って来すぎてしまったために、それに合わせて池も大きくなってしまったという。北海道だから、これくらいのバランスがちょうどいい。新潟から北海道へ渡ったというストーリーとも合っている。

「俺は佐渡島。おまえは北海道」

ロマンチストの夫は、そう言って喜んだという。なんだかほほえましい。

池は単に穴を掘るだけでなく、贅沢《ぜいたく》なつくりをしている。池のまわりは所々、富士山の岩石を使っていて、北海道の池は、滝に見たてて岩から水が流れ落ちる。しかし住人から「水道代の無駄だ」という意見が相次ぎ、流すのをやめてしまった。今では単なる岩と化している。

ある日、遊びに来ていた九十歳のお婆さんが、滝を指さしてこう言った。

「あの辺りに燈籠《とうろう》か何かあればもっといいのに」

「まさしくそこにあったんだよ。燈籠が二つ」

滝に燈籠の図はどうやら、大正生まれの女性の心をくすぐるらしい。二つの燈籠は鎌倉に住む息子が「欲しい」と言ったので、あげてしまったのだという。

♫屋根から突き出た電信柱／大きい池は北海道／小さい池は佐渡島／（池の中では金魚が）おもしろそうに泳いでる

この、のほほんとした雰囲気。「電信柱の突き出た家」の様子を『こいのぼり』の歌に当てはめてみると、字余りはさておき、なんだかとてもしっくりくる。

しかし池の金魚にとって、ここでの生活は決して楽ではないらしい。ある日、屋根の手入れで池に塗料が入ってしまって、金魚が全滅したことがある。そこで住人が「金魚のいない池はさびしい」と言って、金魚を数十匹買って来て池に放ってくれた。ところが今度は台風のときに金魚が佐渡島と北海道の間を飛び越えようとして失敗し、今は数匹しか生息していない。

金魚も未知なる土地への移住はたやすくはないらしい。

ミドリさんは毎日、金魚に餌をやってかわいがっている。「コイよ、コイよ」と声をかけるとみんなすぐに寄ってくる。本当は鯉《こい》を飼いたかったそうだが、金魚に向かって「鯉よ（来いよ）」なのだ。金魚は足音や声を聴き分けるという。知っている人の足音がすれば近づいて来るし、知らない人の足音がすれば遠ざかる。

あまりにもミドリさんの掛け声に金魚が反応するものだから夫もまねをしてみたのだが、夫の掛け声では絶対に金魚が近寄って来ることはない。夫はいつも、金魚に相手にされず怒ってしまう。

「俺をバカにしやがって」

「バカにしたんじゃなくて足もと見たんだよ」

「同じだ」

初夏の池はスイレンがきれいだ。北海道の池にはピンク、白、黄色のスイレン、佐渡の池には白一色のスイレンが咲き誇る。

❖ 車庫から光を放った家、鎌倉に現る

平塚で「電信柱の突き出た家」の建築が進められた裏でもう一つ、こんなエピソードがある。建築中は東京から平塚に通っていたから、毎日電車で鎌倉市のはずれを通過する。古都の風情を残す「鎌倉」とは路線が違うものの、何か感じるものがあったのか、通い続ける過程で木村夫婦はすっかり鎌倉が好きになってしまったという。そこで昭和四十三年に鎌倉に四十坪の土地を買い、入母屋造りの家を建てることになった。

ミドリさんはあっさりこの話をするのだけれど、簡単に聞き流せるような話ではない。これだけ平塚の家に情熱を注いでいるときに、どうしたら鎌倉にも家を建てようなんて思いつくのだろうか。お金はどこから湧き出てくるのだろうか。この夫婦の行動はいつも並外れている。

鎌倉に建てたのは、四世帯が暮らせるアパートの機能を備えた一軒家だった。北海道でも独身寮でもずっとそうであったが、ミドリさんにとって家は自分の家族だけが住む

ものではないらしい。共同住宅にすると家賃収入が見込めて家にお金を注ぎ込めるのかもしれないが、外観、機能ともにアパートや長屋ともまた少し違った独特な形態とデザインセンスを帯びている。

しばらく賃貸として使うと、この家は息子（長男）夫婦に土地ごとあげてしまった。次男と長女の二人の子供たちを含め、ほとんどの親戚が北海道に住むなかで、唯一関東に住んでいる息子家族である。息子の孫、つまりミドリさんのひ孫まで三世代で暮らしていて、ミドリさんにとってもかわいくてしょうがない。

譲り受けた息子の判断で、平成十二年に建て替えをした。新築した家のことは息子家族に任せたが、ミドリさんも家づくりには黙っていられない。そこで、建具だけはミドリさんがデザインした。縁起が良いと言われている「竹に雀」を施したふすま戸に、ミドリさんらしさが滲み出ている。さらに車庫も、ミドリさんが設計して建ててやったという。

この車庫がまた、ただものではない。平塚の家で使った銅板のあまりがあったので、これを二寸五分間隔に市松《いちまつ》模様で、車庫の屋根に葺きあげた。銅板葺きは職人の技が試される伝統様式である。それを近代的な代物の車庫に取り入れるところが物珍しい。

この家は江ノ電《えでん》から屋根が見える場所に立っている。そこで、完成して早々、役場から注意を促す電話がかかってきた。「車庫が光る」というのだ。「光ったら税金高いの

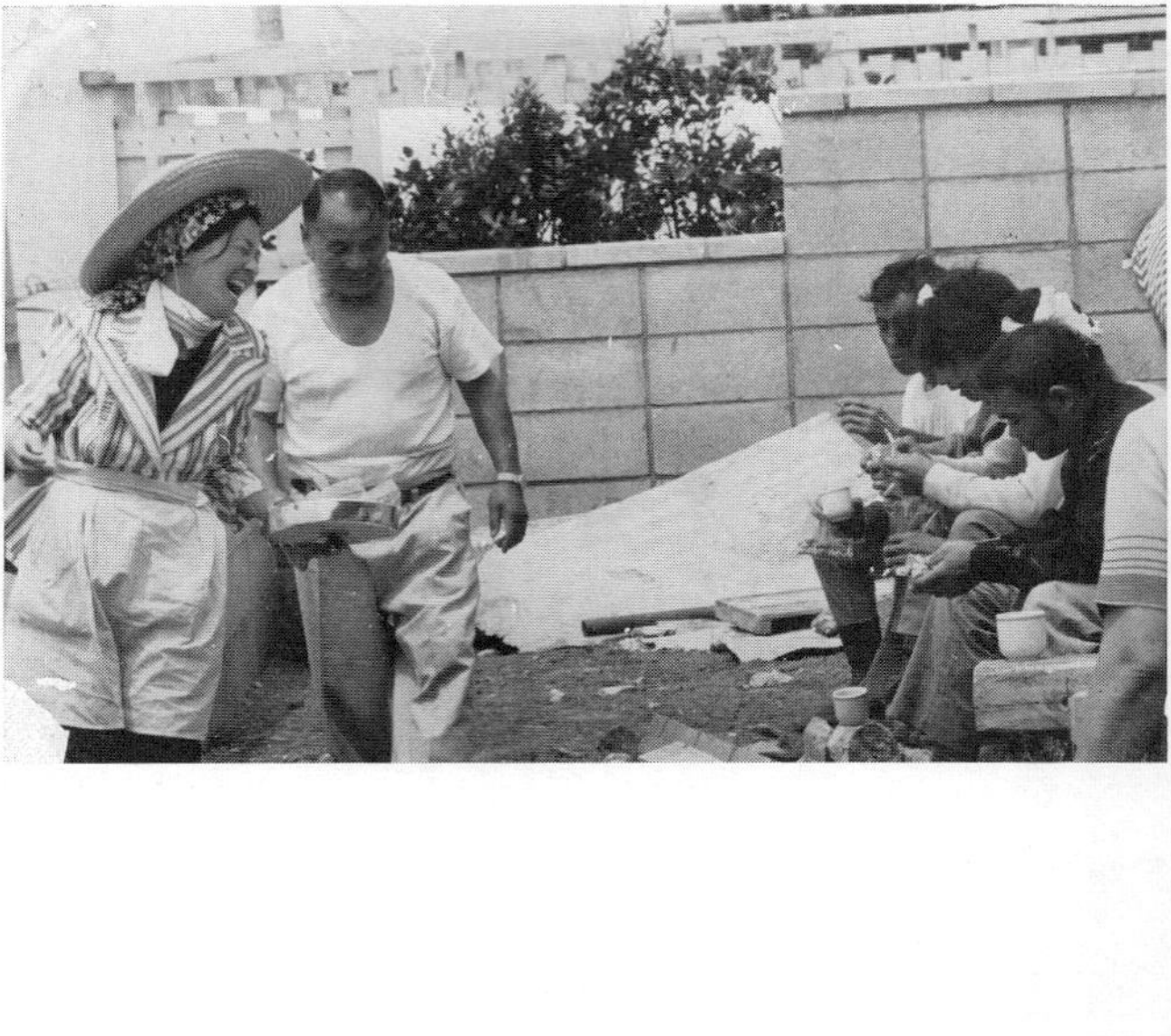

鎌倉の家の建築中に大工と談笑する木村夫婦

か」と言い返すと、「目立つ」という。

「目立つって、母屋とガレージで、ガレージのほうが大きいのか」

こう反論してけんかになった。大小の問題なのかはさておき、車庫よりも母屋のほうが大きいのは当然で、おっしゃるとおりである。そしてミドリさんは、あることに気づいていた。

「潮風で、一週間すれば目立たなくなるよ」

ここは海の近くである。銅は潮風ですぐに錆びて、てかりを失う。役場からはそれっきり、何も言ってこない。

なぜあえて銅板葺きの目立つ車庫を造ったのかと疑問をぶつけてみると、「銅板で葺けば潮風が吹いて傷んでも、すぐに直せるから」とミドリさんは言った。

この土地の風土、長い目で見た耐久性、修理のしやすさなどを考慮してミドリさんは車庫を設計した。単なる思いつきではない。

鎌倉の家は息子家族のものなので、ミドリさんが間取りに口出しすることはない。しかし家に一カ所、引き手のない引き戸があった。ミドリさんいわく、引き手というものは女性の腰の位置に付けるものだ。付いていないと戸には傷が付いてしまう。嫁に引き手がなくてどうやって戸を開けているのかと尋ねると、いつも戸を少し開けたままにしておくという。こればかりはミドリさんも黙ってはいられない。早速、戸を作った大工を呼び出した。

「これはなんだ。食事をするときは箸、洋食にはフォーク、戸には引き手が必要だ」

と、お得意の説教を開始した。

「戸は閉めるものだ。引き手がないと戸のどこかに傷がつく。仏つくって魂抜けるような家を造るな」

こうして仏に魂が宿り、穏やかな日常が戻ったはずだったのだが……。家を建て替えてからわずか三年後のこと。鎌倉の家に住む息子が亡くなった。六十九歳、癌《がん》だった。入院する日、この家は見納めかもしれないと、じっくり家を眺めてから息子は病院へと向かったという。本来ならば息子は、ミドリさんよりも長生きしてくれるはずだった。

「代わってあげることができるなら、息子の死を代わってあげたかった」

ミドリさんは、悲しみを抱きながらもユーモアを絶やさず日々明るく生きている。

第六章

田んぼの中の蜃気楼

ルーツを追う旅
新潟篇

❖ 北海道開拓者の軌跡

ミドリさんは新しいことに果敢に挑戦していくたくましさや負けん気の強さ、どんな状況でも前向きにとらえる明るさを持っている。その気質をたどっていけば、明治時代に新潟から北海道へと海を渡ったミドリさんの祖父母や両親の〝開拓者精神〟に行きあたる。

そして新潟村でのミドリさんの暮らしのルーツをたどっていけば、それは祖父母や両親が生まれ育った新潟県蒲原《かんばら》地方に行きあたる。

ミドリさんの父は、新津《にいつ》（現新潟市秋葉区）の出身だと言われている。祖父は南蒲原の出身だったが、父が生まれたときには中蒲原（新津）に移住していた。

新津は古くから石油産業で繁栄し、明治末期からは鉄道交通の要衝として発展してきた。周辺の田園地帯とは対照的に、新津駅の周辺にはアーケードの商店街が軒を連ね、所々に雁木の町家が残っている。

ミドリさんは新潟での木村家について、わりあい裕福な農家だったと聞かされている。祖父の木村万作を世帯主とした木村家は、娘を「元村長の裕福な家」へと嫁に出してから、明治三十八年に北海道に移住してきた。それにはどんないきさつがあったのか、たどれるのはここまでである。

木村家よりも十五年前に野幌《のっぽろ》への入植を果たした武田家は、新潟村での取材を通して出身地が「西蒲原郡大原村」（現新潟市西蒲区《にしかんく》）であることをつかむことができた。

大原村は「昭和の大合併」で旧潟東《かたひがし》村に吸収合併されている。潟東という名のとおり、この地域はかつて「鎧潟《よろいがた》」という大きな湖沼が横たわっていたという。今は干拓によって大部分が水田になっているものの、武田家が北海道へ渡った時代、鎧潟のあるこの地域はお盆のような地形で水がたまりやすく、雨が降れば大水害をこうむった。「農業として認められるかというせつない暮らし」で、「『短命集落』という特殊な地域」として大学の調査が入るほどだったという。大原村は、鎧潟と共に村の歴史を歩んできた。

平成二十一年四月。新潟村で財を成した武田家のルーツを知ろうと、私はミドリさんの母のふるさとを訪ねてみることにした。

落武者伝説の残る地

四月初旬の穏やかな散歩日和の日だった。各家の庭の梅の花が見頃を迎えて、田んぼの畦道には色とりどりの草花が力強くいっせいに咲き誇っている。

武田家の出身地である旧大原村は、最寄り駅のない「米文化の聖地」のような田園地帯で、のちに住民が「ここは駅がない地域として県内で有名」なのだと何気なくこぼした一言が、そのさまを如実に表している。

旧大原村の区域で農作業をしていた住民たちから「村の昔のことに詳しい」と紹介された笹巻《ささまき》さんのお宅でお話をうかがうことにした。昭和十一年生まれの男性である。訪ねて行くと「そういう話するの好きだから、お茶でも飲みながら。上がっていきませんか」と笹巻さんは乗り気になってくれた。

この地域の人たちは、潟東村の住民、さらにさかのぼって大原村の住民というよりもっと小さく、茨島《いばらしま》や番屋《ばんや》といった小さな集落ごとのコミュニティ意識を強く持っている。「よそ者を寄せ付けない」のだと、笹巻さんは言った。

同じ大原村であっても、隣の集落から分家して移り住むのでさえ住民は受け入れない。一世帯から分家する数も制限があるという。だから跡継ぎから漏れれば、この地域の人々はたいてい外へ働きに出てしまう。

笹巻さんは茨島の住民であるため、話はあくまで茨島集落での話をさしているようだ。しかし、それらの話はだいたい大原村全域で共通している。

大原村を含む西蒲原郡の各地には大庄屋がいて、文化財級の屋敷もいくつか残っている。一方で茨島は「自作農」の地域性を持っている。はじめから自分の田を所有していることが多く、昔から特別の金持ちはいなかったという。

田を所有しているといっても、土地に恵まれていたわけではない。鎧潟のあったこの地域ではかつて、田は腰まで水に浸かるほどで、良質な田とはほど遠かった。そのため馬も使えない。馬を飼っている農家は良質な田の持ち主に限られていたので、茨島に馬は二頭くらいしかいなかった。

つまり茨島には厩を母屋につなげた「曲がり屋」の建築文化はなかったようである。「ここでは曲がり屋はないけれど、魚沼（新潟県中南部の豪雪地域）にはそういう家があると聞いている」と笹巻さんは付け加えた。

北海道の木村家は曲がり屋であったが、武田家は馬小屋が母屋とは別にあったという。「電信柱の突き出た家」でも受け継がれた曲がり屋の形態は、西蒲原の大原村で暮らした武田家ではなく、南蒲原と中蒲原にルーツのある木村家の地域文化を受け継いでいるようだ。

大原村の生業は農業だった。戦《いくさ》があったという話も聞かないし、先祖が武士という話も聞かない。「ただ」と、笹巻さんは話をつないだ。

「四百年前に、石川（加賀）から武士が落ち延びて来たという言い伝えがある」

あくまで言い伝えにすぎないが、それでも鎧潟と水害と農業の話ばかりのこの地域の歴史の中で、このような伝説が残っていることにはロマンを感じる。武田家はもともと武士の家系だったといわれている。そして、「武士の田」と書く武田姓。この田園地帯に武士がいても何ら不思議なことではない。

話題は武田姓のことへと迫っていった。ここに来る前に立ち寄った旧潟東村の歴史民俗資料館で観たＤＶＤで、武田さんというお婆さんが鎧潟にまつわる昔話を語っていた。この地域には武田姓が多いのかと聞いてみると、武田姓が集まった地域もあるけれど、茨島には武田姓が一軒だけだという。笹巻さんは電話帳を持って来てくれた。

旧潟東村全域で武田姓は四十軒近く存在する。そのほとんどが、遠藤という地域に集中している。遠藤は旧四ツ合村に属していた集落で、昭和三十年に大原村と同じく潟東村に組み込まれている。

武田姓の密集したこの遠藤集落の項目をあとから『角川日本地名大辞典』で引いてみると、興味深いことが記されていた。

「鎧潟岸の低湿地帯で水害常襲地帯。明治二十九・三十年の水害・虫害のため土地を売却し、村民一同北海道への移住を計画したほどであった」

肝心の旧大原村の中での武田姓といえば、番屋集落に二軒、茨島集落に一軒と、たった三軒しか存在しない。こんなに少ないのならば、一軒一軒訪ねてみる価値はある。三軒の武田家への地図を書いてもらって、笹巻家をあとにした。

❖ 三つの武田家に「本物」はあるのか

田んぼの海原を龍が走り抜けるように一本の道が延びている。うろこをまとったように道の両側に民家が立ち並び、旧大原村の中に九つの集落が展開されている。それらの中で、番屋集落と茨島集落は道の延長上に隣り同士でつながっていた。

番屋集落へ向かうと、武田さんらしき初老の夫婦が玄関を出て、ちょうど畑に向かうところだった。私が急いでその夫婦を呼び止めて訪問の趣旨を説明すると、二人はすぐさま横で「ケイジの兄弟か……?」と真剣に考えはじめた。なんと明治時代に「うちから長男が北海道に行った」と言う。

「なんで行ったんだろうか」

「俺が思うにカネに困ってじゃないか」

「戸籍謄本、取ってこようか」

二人のやりとりには、二言三言めに必ずケイジという名前が飛び出してくる。ケイジとは、話をしてくれている昭和二十年生まれの武田忠治さんの祖父の武田敬治さんのことだという。敬治さんは二十三年前に八十六歳くらいで亡くなったというから、明治三十三年頃に生まれたということになる。

「お爺さん（敬治さん）が生きていれば何でも知っていただろう」

孫の忠治さんは北海道へ渡った先祖とはもちろん面識がなく、お爺さんが亡くなった今となっては、当時を知る人は誰もいない。

武田夫婦の話を総合すると、北海道へ移住した先祖は、忠治さんのお爺さんにあたる敬治の兄で、武田家の長男の長作だった。敬治の歳から換算すると、おそらく明治二十年代から三十年代はじめ頃に生まれたことになる。

長作と敬治の父である武田廣吉は、頭がよくて優秀な人だった。その才能が買われて、廣吉は番屋集落の区長をしていたという。

区長をしていた武田家は金持ちだった。加えて長作はこの家の跡継ぎ息子である。長男に生まれてお金にも不自由がなかったはずの長作がなぜ、北海道に渡ったのだろうか。

「俺の考えでは区長をしててカネあったから、遊んでカネ使い果たして北海道に行ったんじゃなかろうかと思うよ」

敬治の孫の忠治さんは、あくまで予測にすぎないこの説にこだわる。武田家は結局、長作に代わって次男の敬治が家の跡を継ぐことになり、しっかりと家を立て直した。

　この武田家は分家だという。分家した初代武田忠左ヱ門から数えて区長だった廣吉は三代目、敬治は四代目である。ここで代々農業を営んできた。本家はというと、かつて正面にあったが今はなく、更地の状態になっている。忠治さんが把握している武田家の系譜はあくまで分家してからのものにすぎず、本家のことは何も分からない。

　大原村には、あと二軒の武田家がある。武田忠治家と同じ番屋集落にあるもう一軒の武田家は、武田忠治家と親戚関係にあたる。今は更地になった武田家からの分家同士で、こちらはまだ分家してから三代目と歴史も浅い。そして茨島集落で暮らすもう一軒の武田家も「北海道に渡った親戚はいない」という。

　新潟県は明治から大正にかけて全国で一番、北海道移民の多い県であったが、この村では北海道移住はあまり浸透していなかったようである。この地域の何人もの住民から話を聞いたが、昔この村から北海道に渡った人は誰も聞いたことがないという。仮に行ったとしても、夜逃げ同然で出て行ってそれっきりという状況なのではないかというのが、忠治さんに限らずこの地域の住民たちの一般的な考え方のようだ。

　後日ミドリさんに、武田長作という親戚がいなかったかと聞いてみた。しかし、その名前に覚えはないという。

明治時代に新潟県大原村から北海道に渡ったミドリさんの祖父武田五六のあとを追って、北海道へ移住してきた親戚は数知れないと先の取材で聞いた。武田五六家から分家した武藤家（新潟では武田姓だった）がその一例であるが、それはミドリさんの親戚に限ったことではなく、先に移住した親戚を頼って北海道へ渡ることは珍しいことではなかったようである。

ここで話を聞く限り、武田五六の一家と武田長作の両者には結びつきはなさそうだ。しかし武田五六家が大原村を離れたのは明治二十三年であり、ミドリさんの母は当時二歳だった。武田家は兄弟が大勢いたというが、明治二十〜三十年代初めの生まれと推定される長作とはいとこだったとしてもおかしくないほど歳が近い。そして、武田長作の家は分家であって、本家の情報は何一つ残されていないことに無限の可能性がつまっている。

確かな情報だけを記しておくと、武田五六家は明治時代に大原村から北海道に移住した。その親戚の幾人かもそのあとを追って北海道に移住した。一方で大原村には現在三世帯（うち二世帯は親戚同士）の武田家が暮らしている。そのうち一軒の武田家では、武田五六家と同時代に先祖が北海道へと移住している。

同じ村から同時代に先祖が北海道に移住している武田家同士ということ自体、何かの縁を感じずにはいられない。

❖独立移民と普通移民

遠い昔にミドリさんの先祖が暮らしていた新潟県蒲原地方の農村は、民家が田園地帯に一カ所ずつまとまって集落をつくりだしていた。不規則に集落が現れては途切れ、遠くにまた集落が現れては途切れと、それを繰り返すことで典型的な日本の農村風景が成立している。一方の北海道新潟村といえば、一本道の両側をグリッド状に区画して、広大な畑の中に民家が一軒ごとに立っている。

自然発生的に形成された農村集落と、生産効率を重視して計画的な基盤の上に成り立った農村集落。いかにも日本らしい農村風景と、いかにも北海道らしい農村風景。稲作と畑作……。〝新潟県の村〟と新潟村の風景はあまりにも違う。

北海道新潟村を歩いたときは、はじめての土地にもかかわらず、ミドリさんのイメージにピタリとはまる風景をあれもこれもと目のあたりにした。ここでの環境がミドリさんを育み、「電信柱の突き出た家」の構想を生み出したのだと実感できた。

しかし、武田家が北海道に移住してから百年以上が経過した今、この新潟の地を歩いてみても、新潟村での「新潟らしい暮らし」と大原村での「新潟の暮らし」には、どうしても隔たりがある。この隔たりは、大原村での武田家の生活とミドリさんの知る新潟村での武田家の生活があまりにも異なっていることにも起因している。

北越《ほくえつ》殖民社による新潟村の開拓事業には、大多数を占めた「普通移民」のほかに、ごく少数の「独立移民」が存在していた。入植者のほとんどが新潟での貧しい暮らしを脱するために移住を決断したのに対して、独立移民はいわゆる富裕層であり、さらなる富を求めて移住を決断した人々だった。

彼らは移住費用をすべて負担する代わりに殖民社と「独立移民契約」を結び、土地が優遇され、移住先の村での指導的役割も担った。江別《えべつ》（当時は江別村）では明治三十九年にはじめて村会議員選挙が行われているが、明治時代に新潟村から選出された議員たちは、確認できる限りでは、殖民社の指導者（経営者）や独立移民が占めている。

武田家は独立移民だったのではないだろうか。私はずっと、この仮説を視野に入れて取材を進めていた。新潟村で事業を成功させ議員を出した武田家の功績を見る限り、武田家が独立移民だと仮定すると何もかもがしっくりきた。しかし取材を通して分かったことは、武田家は独立移民ではなく、まぎれもなく普通移民にすぎないということだった。

武田家の故郷である大原村は、水害の絶えない貧しい村だった。武田家はそこから這《は》い上がって財を築いたのである。そして、新潟村で建築というかけがえのない遺産を子孫に残した。

新潟村で不思議な縁でつながった武田家と木村家の遺伝子が木村ミドリという人物を形成し、「電信柱の突き出た家」へとつながっていくことは奇跡のようなものではあるけれど、そこに宿る〝開拓者精神〟は、きちんとした意味を持って、ミドリさんという人間が存在しているのだと今となっては確信している。

❖ 財産を築き、家を築くこと

新潟村へやって来たあと四方に散らばった親戚たちは、現在どうしているのだろうか。多くは今も北海道で暮らしているという。そして、そのほとんどが事業で成功をおさめている。

広島村の農家へ嫁いだミドリさんの姉は、典型的な成功例である。姉の夫は農業が好きではなかったため、土地を売って札幌に夫婦で小さな料理屋を開いた。店は軌道に乗り、大きな舞台付きの料亭を四店舗経営するまでに成長した。

その背中を見て育った息子も店舗経営で成功をおさめた。姉の娘は七十歳を越えて今なお現役の女社長で、ミドリさんに電話で何でも打ち明けてくれる。というのも、亡くなった母親（ミドリさんの姉）とミドリさんはそっくりなのだという。それで、ミドリさんを母親と重ね合わせて慕ってくれるのだ。

社長として活躍を続ける彼女にとっての頑張った証《あかし》は、ビルを建てることである。もう一棟、もう一棟とビルを建てる目標があるからこそ、日々頑張れるのだという。

アパートを所有している木村ハルエさんも「札幌には大したもんがいますよ」と親戚の活躍ぶりを力説していた。新潟村を離れた親戚の多くは、札幌でビルを所有している。ミドリさんからも同じ話は聞かされていたものの、さすがに遠く離れたミドリさんのもとに届けられる情報は多少美化されているに違いないと思っていた。ところが北海道で誰に話を聞いても、この話には揺れがない。

新潟村では誰の口からも「武田家や木村家は特殊な家」というのに続いて、「あそこはみんな事業してる」という台詞が飛び出してくる。詳しく話を聞いていくと、子孫たちは本当にみんな揃いも揃ってさまざまな事業に手を出し、そうして得た財産を不動産につぎ込んでいる。もともと武田家や木村家は木材業を営み、昔から型破りなところがあった。木造住宅がビルに代わっただけで、やっていることは昔も今もあまり変わっていない。

開拓者精神に長《た》けている武田家と木村家は、明治時代に開拓団として新潟から北海道に渡って生活を築き、ある人はこの地で議員になり、ある人はブラジルへ渡って村長になった。またある人は札幌でビルを所有するまでになり、ある人は内地に渡って「電信柱の突き出た家」を建てている——。

北海道の親戚の話になると、ミドリさんは肩身が狭い。もちろんミドリさんだって自分の家は誇りであるし、そこらへんの家には決して負けない自信がある。しかしビルと「電信柱の突き出た家」を比べるとなると、札幌から入ってくる情報のほうが華やかに聞こえてくる。私からすれば、どこにでも立っているビルなんかよりも、電信柱の突き出た豪勢な日本家屋を建てるほうがよっぽどの偉業であるのだが。

しかし、「ビル所有」という、いわば表向きの華やかさの一方で北海道に足を踏み入れて肌で感じたのは、成功の陰には数えきれないほどの苦労が潜んでいるということだった。

実際にここまでみんな、揃いも揃って事業を起こしていることには事実、驚かされた。しかしこれだけ多くの人が事業を起こしていれば、失敗した人も当然いる。生々しい事業の厳しさも、村に滞在していると伝わってきた。

それにしても、どんな人の話にも共通して出てくるのが、「武田家と木村家はすごい家だった」ということである。後に外から新潟村にやって来た住民でさえも、みんな同じように言う。

普通移民として大家族で北海道に移住してきた武田家は、事業を起こして独立移民に負けない財産をつくった。そうして大きな家を次々と建てていくさまは、ある意味「北海道ドリーム」とでもいうべき、成功者の姿かもしれない。しかしそれ以上にこの一族に際立つのは、長く人々の脳裏に刻まれるパフォーマーを思わせる強い存在感であるような気がする。

　彼らはおいそれとは真似できないクリエイティブな生き方で人々をアッと言わせ、時にみんなを喜ばせ、絶大な影響力を誇っている、村きっての「サーカス団」のような存在だったともいえるのではなかろうか。武田家や木村家は見事な芸で村に根を張り、花を咲かせていったに違いない。

　木村悠《ひろし》さんの妻ハルエさんも「野幌では武田はすごい」と言った。何がすごいのかといえば、賢くて、その知恵を人のために使ったというのだ。特にミドリさんのいとこで大本家の武田武《たけし》さんは、議員になってからも工事の予算を貰って来るなど、「集落のために尽くす偉い人」だったという。「武さんは頭がよくてたいしたものだった」と、ハルエさんは語っている。

　ミドリさんのいとこの武田武さんが議員をしていたという知名度もあるのだろうが、それにしてもこの判で押したような共通認識には目をみはるものがある。なぜここまで財を成すことができたのだろうか。

　木村ハルエさんはこう言った。

「(木村家は)親がしっかりしてた。婆さんが一緒に住んでいたから、子供のことは婆さんに任せて、一太郎とソヨ（ミドリさんの両親）が朝から晩まで働いた。武田を追い越せという気持ちで、武田に負けない財産をつくった」

木村家は、はじめからお金持ちだったわけではない。武田家を目標に、働いて働いて財産をつくった。ミドリさんもりんご農園からはじまって働いて働いて財産をつくり、やはりそれを不動産（電信柱の突き出た家）につぎ込んだ。働くこと、それが木村家の原点だった。

北の大地でビルを糧《かて》にして生きる親戚がいれば、ミドリさん夫婦にとっての働いてきた証はまぎれもなく、「電信柱の突き出た家」だ。コンクリート製の電信柱をたずさえた〝開拓者精神の宿る家〟は、今日も赤煉瓦の煙突に負けない存在感で凛とそびえ立っている。

第七章

ミドリさんと電柱屋敷の住人たち

❖ からくり部屋へのいざない

ミドリさんは誰かの家へ遊びに行っては、内部をくまなく案内してもらう。政治家などのお偉いさんの家にもだいぶお邪魔してきた。その経験から学んだことがある。

「五回も十回も訪ねて行って中に入れてくれない家には、必ず何か秘密がある」

私はミドリさんの家を五回、十回どころか、それ以上訪れているはずなのに、いくらお願いしても仏間だけは絶対に覗かせてもらえない。他の部屋にはいくらでも自由に出入りさせてくれるにもかかわらず。

つまり、この部屋（仏間）には「何か秘密がある」ということだ。何しろ、人から「魔法みたいな家」だと驚かれるくらいの、手の込んだからくり屋敷なのだから。

「この部屋を決して覗いてはいけません……」

そう言葉を残して、女性が部屋へと入っていく。ここまでは今、現実に起きていることと。そこから先は何が起こるのか、私にも察しがつかない。

とうとう我慢しきれずに女性の部屋を覗いてしまうと……。そこでは鶴《つる》が、自分の羽をむしって機を織っている……。「鶴の恩返し」は、禁断の部屋を覗いてしまうことで思わぬ展開が待ち受けている物語である。やはり、覗いてはいけない部屋には秘密があるらしい。

――むかしむかし、電信柱の突き出たお屋敷にお婆さんが住んでいました。そのお屋敷には、決して覗いてはいけない「鶴の間」（仏間）が、廊下の先にあったそうな。お婆さんは「鶴の間」へ入って行っては洋服をこしらえて戻ってくる、手先の器用な人だった。ところが出入りの者がふすまに耳を当ててみても、中からミシンの音は漏れてこない。

はて、どうしたことか。何しろお婆さんは忍びをつかさどる「くノ一」ではないかという噂が絶えなかったものだから、とうとう出入りの者は我慢しきれず、ふすまを開けてしまったという。すると完成した洋服だけが部屋に残っていて、お婆さんの姿はどこにもなかったとさ――。

部屋を覗かせてもらえないのには何か秘密があるらしいのだが、それにしても、部屋の中での出来事はあまりに不可解な点が多すぎる。「耳を澄ませてもミシンの音が聞こえてこない謎」「中に入った人が消えてしまう謎」――この二つのトリックは、どうやって成り立っているのだろうか？

ミドリさんは、決して覗いてはいけないこの部屋をミシン部屋にしているという。彼女は本当にお婆さんなのかと疑うほどしゃきしゃきしていて、その部屋へと軽い身のこなしで入って行く。ミドリなのにピンクが大好きで、乙女チックな一面も持っている。トリックに加えてもう一つ、くノ一という考えも、頭の隅に入れておいたほうがいいかもしれない。

こうして私は秘密を探りに、「鶴の間」のごとき仏間を覗きたい一心で、足しげく木村家に通うようになった。しかし道のりは平坦ではなく、仏間を覗いてみると、そこにはさらなる秘密が隠されていた。——仏間の先、そこには「電信柱の突き抜けた部屋」が存在した。

❖　六世帯の共同生活

この家のつくりは複雑である。そのうえ、庭に生い茂った大量の草木が視界をさえぎり、全体像がつかみにくい。

上空から俯瞰《ふかん》してみると、長方形の土地のうち二辺が逆L字形の大きな建物、方位を合わせると〝『〟の形をしていて、残りの空間を北海道と佐渡島の形の池が占めている。青瓦の曲がり屋は、まるで本州を模しているかのようだ。列島の中央には、地図上に押しピンで目印を付けたかのように、電信柱が突き刺さってしっかりと存在を主張している。

この、逆L字に曲がった〝『〟形の建物は、電信柱を境に東西で二つの棟に分かれていて、築年数の異なった二棟が合わさることで「電信柱の突き出た家」は成立している。仮に電信柱の東側を旧館、西側を新館と呼ぶことにする。

旧館は、一階が木村夫婦の住む部屋で、二階がアパート「みどり荘」になっている。木村家の玄関は、本州の地図上でたとえるならば石川県の能登半島あたりに位置していて、まさしく半島のごとく庭に向かって突き出している。

その入母屋の玄関を入ると、緻密な細工の建具を隔てて、正面はゆったりとした台所、手前の廊下を右に進むと、縁側からも人が出入りできる居間が広がり、そこから二つの小部屋、台所に隣接している。一方で、玄関から廊下を左に進むと、片側がトイレや風呂や洗面所といった水回り、片側がふすまを隔てて仏間になっており、そこから先は新館へと続いている。

この旧館一階は、もともと二世帯まで住むことが可能なように設計されていた。とはいえ玄関は一つだし、居住者を隔てるような特別な境界線はない。玄関の近くに集約された風呂場やトイレ、洗面所などを共同スペースと見なすと、玄関を中心として廊下を伝った右側の部屋と左側の部屋で住居を分けるのが二世帯の住み分け方らしい。

新築当初は廊下の左側、つまりいっこうにミドリさんが覗かせてくれない仏間のある部屋には、タレントの加山雄三の岳母（加山雄三の妻で元女優の松本めぐみの母）のお抱え運転手が夫婦で住んでいた。二十代でまだ若く、元自衛官だったという。

廊下の右側は木村夫婦の部屋となっていたが、普段は東京で暮らしていたため別荘のようなものだった。お抱え運転手夫婦が出て行ってからは、木村夫婦だけで旧館一階のすべての部屋を使っている。居間の床下には水道管を張り巡らしていて、料理好きなミドリさんのために台所設備が充実しているのも旧館一階の特徴である。

旧館二階のアパートは、三世帯が暮らしている。庭に面した表側から見ると普通の一戸建てのように見えるのに、外階段の付いた裏側へ回ると見事、アパートに様変わりする。それぞれは、一階でいう居間、台所まわり、仏間あたりで世帯分けされていて、アパートの入り口には、「みどり荘」という看板が掲げられている。一軒家に組み込まれている旧館の二階部分だけが、みどり荘なのだ。

ミドリさんが自分の名前をアパート名にしたのかと思いきや、名付け親は夫だという。アパート名を決めるとき、ミドリさんもてっきり夫が自分の名前を付けるものだと思っていた。そうしたら、付いた名前はなんとみどり荘だった。「なんで？」と不思議がるミドリさんに、夫は言った。

「俺が先に死ぬから、みどり荘だ」

みどり荘は今までに、さまざまな人が入れ替わり立ち替わり暮らしてきた。はじめのうちは関西ペイントの社員が住むことが多かったが、次第にそんな傾向も薄れて、居住者はバラエティに富むようになった。沖縄から出てきた三姉妹が一緒に暮らしていたこともある。水道のことで散々ミドリさんとけんかをした中年女性も、みどり荘の住人だった。

新館は、一階と二階で一世帯ずつが暮らしている。西端に、建物から庭に向かって垂直に突き出した、雪国でよく見られる中門《ちゅうもん》造り風の立派な玄関があり、二階の玄関は、横の外階段を上ったところに設けられている。それも二階は外玄関と内玄関の二つを設けた二重構造になっており、さながら雪国の玄関を訪れたかのようだ。

二階の住人はここで「千年治療院」という名の医院を経営していた。ミドリさんが怪我をしたときにはいつも、親切に面倒を見てくれる頼りがいのある存在である。尊敬の念を込めて、ミドリさんは先生と呼んでいる。先生はこの家の建具が大好きで「家を壊す際には建具を絶対に欲しい」と主張しているという。

先生が暮らす二階の玄関（外玄関）脇のガラス窓には、ミドリさんがデザインした「瓢箪に竹と雀」の建具細工が施してあり、外からも中からも建具を鑑賞できるようになっている。ミドリさんは小さい頃、囲炉裏に座って孫婆さんから「すずめときつつき」の話を繰り返し聞かされた。雀は利口で縁起がいい。そして昔から「梅にうぐいす、竹に雀」ともいう。瓢箪も縁起ものである。だから建具を作るとき、「瓢箪と竹と雀」の三つを並べたデザインにしようと決めたという。

新館一階の玄関にも同じようにガラス窓があり、大きな扇形の模様の中に「富士山と天橋立と投網」を収めた建具細工が施してある。「網を投げているデザインは、なかなかない」と言って、こちらは夫がデザインした。扇の中に夫が好きなものを三つ描いたのである。かつて流行語になった「巨人、大鵬、卵焼き」ではないけれど、好きなものが「富士山、天橋立、投網」とは、夫は粋なセンスの持ち主だったようだ。魚釣りは夫の趣味だった。そういえば佐渡島出身で、小さい頃は実家で網を作っていたと言っていた。

この新館一階の部屋は、家が完成したときからずっと入居者が変わらない。早期退職したばかりの五十代の男性が暮らしていた。彼は約四十年間ずっと松下電器一筋で働いてきた。ミドリさんに言わせると「ナショナルの冷蔵庫係」だったという。退社後はミドリさんの後を継いで、この家のペンキの塗り替えを手伝ってきた。

アパートが合体した一軒家「電信柱の突き出た家」に六世帯が暮らす。大抵の住人は一度入居するとこの家が気に入ってしまい、なかなか出ようとしない。

普通、人に貸す部屋は質素に、内装も安く仕上げがちだ。それなのにこの家は、部屋ごとに相当手が込んでいて、家賃も安い。人からは「貸すのに馬鹿だ」と言われるが、それでも「人を入れるからには気持ちよく住んでもらいたい」とミドリさんは考えている。

❖ 湯舟で航海、向かうは富士山

この家に惹かれはじめると、大航海にでも出たかのような、途方もなく果てしない世界が広がっていることに気付く。ふと夜空を見上げては、いや、ふと天井を眺めては、各部屋で同じデザインの天井は一つとしてないことに気づかされ、まだ見ぬ部屋に冒険心がそそられる。

木目調《もくめちょう》の板張りふうの天井やタイルを組み合わせたようなマス天井、なぜか数種類の素材をつぎはぎしたモザイク天井……。何てことのない天井なのだが、部屋ごとにすべて素材を変えている。野心とか見栄っ張りとかいう言葉よりもむしろ、「もの好き」という言葉がこの家には一番しっくりくる。

私があまりにも内装の一つひとつに感激するものだから、ミドリさんはもっといいものを見せてあげようと調子に乗ってくれたようだ。お風呂場を案内してくれるという。わざわざミドリさんがお風呂場へと誘ってくれるほどだから、ただの風呂ではなさそうだ。

私は廊下を歩きながら、旅館の女将さんに「こちらになります」と大浴場を案内してもらっているような気分にすっかり浸りきっていた。「温泉で日頃の疲れを癒したくて、噂の温泉街へとはるばるやって来ました」といわんばかりのワクワクした気分である。廊下を歩きながら、心臓が高鳴っている。

お風呂場は私の期待を裏切らなかった。壁には富士山の立派な壁画が施されている。それも正面と横で一つずつ、お風呂場の中に富士山が二つも存在している。さらに浴槽は、中から外側へ向かって豆タイルがアーチ状（円形）に浮き上がっていて、波の形をつくっている。九谷焼の青い豆タイルをぎっしりと貼り詰めた波形の浴槽だ。足を伸ばしてくつろげるから、こういう形にしたという。浴室全体をキャンバスに見立ててタイルの大きさや色使いをそれぞれ変えているところが、また手が込んでいる。

さらにお風呂場の壁は水色で、天井はピンク色に塗られている。新潟村で見つけた武藤家の建具も水色に塗られていたが、ミドリさんが暮らすこの家は、特に水回りで水色とピンク色の組み合わせを好んで使う傾向がある。メルヘンチックな色使いにもかかわらず、不思議と違和感がなく落ち着いた印象を与えるのは、木造の空間であることと、ミドリさんのセンスゆえだろう。

この家のお風呂場は、世帯ごとにそれぞれ異なるデザインの壁画を施している。なかでも一番豪華でお金がかかっているお風呂場が、みどり荘の一番奥、外階段を上がって廊下を進んだ突き当たりに位置する、L字に曲がった部分の部屋である。一番が木村夫婦の部屋でないからこそ、「自分で住むわけでもないのに馬鹿だ」と言われてしまうのだ。

みどり荘のこの部屋は、入って突き当たりにお風呂場があるため、玄関の扉を開けるとまっすぐそのまま、洗面所からお風呂場まで見渡せる。

玄関の先のちょっとした踊り場を経由して、黄色いイチョウ模様の装飾タイルを貼り詰めた洗面所。その奥にピンク色の花柄の装飾タイルを貼り詰めたお風呂場。その真正面には富士山の壁画……。

お屋敷のふすまを次々に開けていって、最後に高価な屏風《びょうぶ》の置かれた座敷へと突き当たる時代劇のような構図とよく似ていて、玄関のドアを開ければ、そこはまるで手の込んだ装飾を施した宮殿のようなロケーションである。これが木造の安アパートだとはにわかに信じ難い。

お風呂場の壁一面に貼られた花柄の装飾タイルは、フランス産だ。大磯の別荘で使われていたタイルの残りを譲り受けたものらしく、お風呂場に壁画を施してくれるのを知った住人が、自ら持って来たのだという。富士山の壁画に加えて、壁一面にフランス産の装飾タイルを施したお風呂。見た人は、誰もがほめていくという。

さらにピンク色の天井は、ヴォールト天井の手法を取り入れている。アーチを筒状にのばした「かまぼこ形」の天井である。正月に食べる紅白かまぼこと色も形もそっくりなのに、どこか日本離れしていてお洒落な印象を与えている。水滴が溜まらないようにするため、装飾も兼ねてお風呂場をヴォールト天井にしたのだろう。しかし、みどり荘のこの部屋は洗面所までヴォールト天井にしている徹底ぶりである。

もと宮廷の洋風建築を見学したときに、寝室がヴォールト天井だったことを思い出す。そこでは壁紙も部屋ごとに変えていて、品のある知的な雰囲気だった。ヴォールト天井にオリジナルの壁紙を施した宮廷の寝室。それと同じような意匠が、この木造アパートには存在している。


一方で壁画の多さが際立っているのが、新館一階、ミドリさんの部屋の隣に位置する元松下電器社員の男性宅だ。お風呂場には壁三面それぞれに「富士山と、湖のほとりの

お風呂場に施された壁画

水車小屋」「崖の上に城を築いた港の風景」「二匹の金魚」の壁画を施している。

そしてトイレにも、便座の正面にやはり壁画が存在している。こちらは富士山ではなくて、日本三景の一つで、新館一階の玄関に施された建具細工と同じく天橋立が描かれている。海の中を走る砂州《さす》に松並木がまっすぐ続き、一隻の帆船が漂っている。奥にはパノラマ状に広がる山々と、どこまでも続く青い空。白い雲が流れてゆく。

こんな壁画を眺めていたら、ついつい長居してしまいそうだ。住人が部屋を手放したくない理由が分かる。

それにしても、トイレはともかくお風呂場なんて人が来ても覗かない場所だから、壁画は住む人だけの楽しみにすぎない。ミドリさんの夫は佐渡島の銭湯で生まれ育ったため、入浴をしに人が集まってくる家だった。そこにも富士山の壁画が描かれていたのだろうか。

❖ 家が恋しくて脱走、その結末は……

ミドリさんにとって内装へのこだわりは、子供の頃の体験が大きく影響している。新潟村の木村家は、家族も多いし部屋数も多かった。何より部屋の多さを表しているのが、兄弟姉妹全員に子供部屋が与えられていたということである。小学生までは二人ずつで寝て、卒業後は一人部屋になった。

さらに贅沢なことに、自分の部屋の壁紙は好きな模様を自分で選べることになっていた。壁といっても、昔ながらの日本家屋だった木村家では、ふすま一枚で部屋が隔てられていた。だから壁紙とはふすま紙のことだ。敷地内の唐紙屋には、侍、芸者、花などさまざまな絵柄の壁紙があった。それぞれ父と向き合って自分の希望を伝えると、「そうかそうか」と言って好きな壁紙を貼ってくれた。

ミドリさんは小学生まで妹と二人で部屋を使っていたので、部屋のふすまに半分ずつ、自分の好きな模様の建具をはめた。ミドリさんはあやめ、妹は菊の花だった。好きな花を選んだものの、実際できてみたら菊のほうがきれいに見える。ずっと妹の壁紙がうらやましくてしょうがなかったという。部屋の模様にこだわるミドリさんの女心がうかがえる。

大人になったミドリさんは父の血を受け継いで、「電信柱の突き出た家」で、奔放な〝もの好き〟を実行した。お風呂場だけにとどまらず、建具のデザインも部屋ごとにすべて変えている。ミドリさんに負けないくらいに夫の建具好きも群を抜いていて、夫婦が考案した図案をもとに職人と話し合いながら、建具には徹底してこだわったという。

特に木村夫婦が使っている玄関や居間の建具は、たくさんの人が訪れるだけあって非常に豪華だ。玄関から中に入ると前面にはスクリーンのように広がる組子《くみこ》模様（モザイク模様）の美しい建具、さらに廊下を抜けると客間には近江八景《おうみはっけい》をデザインしたふすまが広がっている。そしてトイレの壁には、大きな牡丹《ぼたん》の装飾タイルが施されていた。

平成十一年のある日、夫は足が痛いと言って入院することになった。夫の提案で廊下と風呂場とトイレの三カ所に手すりを付けることになり、入院前日の夕方に大工によって手すりの取り付け工事が行われた。水洗トイレの管を通すときと、この手すり工事でトイレの装飾タイルはすべて剝がしてしまったため、今では紫色の無地のタイルになっている。

二人の老後を快適に過ごすための、大切な改装工事である。しかし、この日に限って夫は「疲れたから今日は風呂はいい」と言って風呂に入らずトイレにも行かず床に就いた。そして、翌日も手すりを一回も使うことなく病院へと向かった。

ミドリさんは手すりが完備された家で、夫が退院するまで一人静かに過ごすつもりだったのだが、夫はその頃、家に帰りたい一心で脱走を企てていた。病院から朝早くに呼び出されたミドリさんは、はじめは何のことだか全く分からなかった。

病院側の説明によると、夫は夜中に病室の三階から飛び降りたという。しかし、不思議なことにどこも怪我をしていない。それどころか、当の本人は横で話を聴きながらニヤニヤしている。

あとから夫に聞いたところによると、どうしても家に帰りたくて、カーテンをロープ代わりのようにして窓から下まで降りたのだという。こうして三階から下に降りたものの、外は真っ暗で出口が分からず、うろうろしているところを警備員に見つかって、連れ戻された。靴も履かずに外にいたから「気がふれた」と思われたらしい。

結局、一時帰宅させてもらって、「すき焼きが食べたい」と言うのでミドリさんが料理して一緒に食べた。そして再入院した翌日に、夫はあっけなく亡くなってしまった。

「足が痛くて入院しただけなのに、あっさり」

享年九十二だった。夫はすでに自分に死が迫っていることを感づいていたのだろうか。「俺が先に死ぬから、みどり荘だ」と言ってアパートを「みどり荘」と命名した夫である。手すりを付けるという提案も、自分が死んだ後のミドリさんのことを思ってのことだったのかもしれない。

「手すりはわしのために作ったようなもん」

夫より六歳年下のミドリさんは、平成十七年、とうとう九十二歳という夫の年齢を越えてしまった。

九十二歳まで生涯手すりにも頼らず過ごしたミドリさんの夫は北海道開拓の波に乗り、若くして佐渡から津軽海峡を渡った波瀾《はらん》万丈の人生だった。人生の折り返し点で東京に渡って寮の管理人を立派に勤め上げ、出身地と同じく海の近くの湘南の「電信柱の突き出た家」が終《つい》のすみかとなった。彼は電信柱を家の中に収めたことで、私とミドリさんを出会わせてくれた。建築へのこだわりが強く、死の直前まで、何事もなさそうに家をいじっていた。

彼の見てきた風景は生家の銭湯ではじまって、ミドリさんと建てた湘南の家で終わった。煙突がそびえる銭湯の風景が私の頭の中に浮かんだかと思えば、それはいつの間にか煙突から電信柱へと変わっていた。「電信柱は家の中に入れれば収まりがいい」という信念を貫いた彼のアイデアは、生家の銭湯の煙突からインスピレーションを得たのではないかと時々考えることがある。

建具好きな夫の死後、欲しいと言われた建具はみんな親戚にやってしまった。ミドリさんの暮らす部屋で目を引く建具は残すところ、居間にある近江八景のふすまのみとなっている。こだわりの意匠が一つひとつ消えてゆくのは何だか寂しい。

❖ かまいたちとの闘い

ミドリさんの夫が亡くなったのとほぼ時を同じくして、私は電信柱に吸い寄せられるようにしてこの家の前へとたどり着いた。当時は高校生だった。建築のことは何も分からなかったけれど、この家は強烈なインパクトを持ちながら、どこか繊細で、ユーモア

部屋ごとに異なる美しい建具

があって、一瞬にして私の心をわしづかみにした。

それからしばらくして、私はミドリさんと出会った。八十七歳にしてむしろ「元気な盛り」という言葉がしっくりきそうなほど、老人離れのしたお年寄りだった。頭の回転がすこぶる速くて、口達者。動きが機敏で、視力も聴力も卓越している。せんべいをバリバリ食べる。好んでピンクの服を身にまとい、のこぎりを持って大工仕事をやってのける。高校生の私にとって、ミドリさんは刺激に満ちていた。

今思えば夫が亡くなってから、まだそれほど月日は経っていなかったはずである。ミドリさんがこの家に引っ越して来てから私と出会うまでの二十数年という歳月には、私と出会った頃のミドリさんからは想像できないような紆余《うよ》曲折があったという。

医者だったミドリさんの兄は兵隊に行く前、「一言だけ言っておく」と言い残したことがある。

「かまいたちにあったら縫ってはダメだ」

かまいたち（鎌鼬）とは雪国で起こりやすく、皮膚が突然、鎌で切ったようにスパッと裂ける謎の現象のことである。「身体に気をつけて」とかいくらでも言い残していくことはあると思うのに、これが兄の遺言となった。

終戦後まもなくして、ミドリさんはかまいたちにあった。

「足がスパッと切れて、骨が全部見えて、それから血がドバーっと出てくる」のだそうだ。

医者は「切り口が大きいから縫う」と言う。「大きいからこそ縫ってはいけない」というのがミドリさんの主張である。「兄の遺言だから縫わないでください」と懇願しても医者は聞き入れてくれず、大喧嘩になった。結局ミドリさんはその場で寝かされて、二十五針も縫うことになった。

「痛いなんてもんじゃない。目から火が出て、水が出た」

そしてあくる日になると、縫った部分はすべて腐っていたのだった。やはり、かまいたちにあったら傷口が大きければ大きいほど、縫ってはいけなかったのである。このときまだ三十代だった。

「こういう苦労はたくさんしてきた。わしもずいぶん苦労したもんだ」

関西ペイントを退社してから数年後、六十代の後半にさしかかったときにミドリさんは右足の血管が腫《は》れて歩けなくなった。かまいたちにあったときに医者が傷口を縫ってしまったのが原因だった。「右足の血管を抜かなければならない」という。すぐさま手術、というところだったが、ここで一つ、大きな問題があった。

ミドリさんの血液型は「A型Rhマイナス」という特殊な型で、輸血ができない。今ならRhマイナスとなれば、いざというときにそなえて自分の血液をストックしておくらしいが、ミドリさんの時代はそうではない。家族の血液型でさえ聞いたことがないくらいで、血液型には無関心だった。

死ぬかもしれないという緊急事態である。医者は手術をあきらめかけて、ミドリさんに家へ帰るよう促した。しかし、ミドリさんは覚悟を決めていた。

「先生の先を走ります」

死をも恐れないその意気込みに医者も「それだけの覚悟があるなら」と、手術に踏み切る決心をした。

「よし、明日九時に手術だ」

血管の手術は複雑らしい。ミドリさんは「パンツのゴムがゆるんだら一カ所引っ張ればいいじゃないか」と意見したが、血管はパンツのゴムのように簡単にはいかない。夫は血が怖いと言って、手術がはじまる前に逃げ出した。ミドリさんは度胸がある。手術室の天井に鏡があったので、局部麻酔で起きたまま手術の様子を観察した。自分の血管は、やはりパンツのゴムとは異なり、「スパゲッティにソースを絡めた状態」と見た目がまったく一緒だったという。その冷静さに、むしろたじろいだのは医者のほうだったという。

続いて、白内障の手術をした。ミドリさんは食べることが大好きだったので、肥満が原因だった。それでも、若秩父というあだ名だったという話をして「おもしろいもんだよ」と言って笑っている。明るい白内障だった。

このとき、華々しく電卓デビューも果たしている。入院中は薬の計算を自分でしなければならない。そろばんでは誰にも負けない自信があるのに、看護師はそろばんの使用を認めてくれなかった。それでも、無理やり電卓の使い方を叩き込まれたミドリさんは、どこまでも前向きだ。すぐに電卓の長所を見つけて、「電卓は＋と－と÷があるからいいや」とすんなり割り切った。

六十代後半から八十代前半にかけての間、ミドリさんは何度も入退院を繰り返すことになった。夫が亡くなり、息子（長男）も亡くなった。しかし、荒波を笑いの波に変えてみせるのが彼女の一種、凄《すご》みである。入院話にこれっぽっちの暗さもない。持ち前の回復力でいつも元気になってみせた。私と出会ったときのミドリさんは、まさに健康そのもので、病気のかけらも感じさせなかった。その老人離れしたような元気さがずっと維持されてきたものではなくて、退院後の回復によって成しえたものだということが、入院当時を知らない私にとっては、にわかに信じがたい。

私と出会った頃のミドリさんは体調が良好で、話を聞くのにはまたとない環境が整っていたといっていい。しかしそれから数年間、私は自分のことに精いっぱいで、ミドリさんを訪ねることなく歳月は過ぎていった。

この空白の数年間、私は思う存分全国の日本建築と触れ合う機会に恵まれた。そしてこのときの経験が、結果として、私の気持ちを再びミドリさんのもとへと向かわせたのだった。

❖ 敬老の日にはみどり荘へ里帰り

木村家には、お客さんが後を絶たない。縁側に面した、近江八景の建具で彩られた居間だけはいつも開放的で、ミドリさんとお客さんとの漫才で私を楽しませてくれる。

ミドリさんは九十代に突入し、私は二十代になった。あらためてミドリさんのユーモアと建築センスにとりつかれて、私は、この家ときちんと向き合いはじめていた。

夜になると肌寒さも感じるようになった秋口のことだった。この日も家にお邪魔した途端、すぐさま次の客がやって来た。客は下田さんという女性で、手土産に五百ミリリットルのペットボトル「ダカラ」を二本と、小さなせんべい袋を持っている。ミドリさんよりだいぶ若いが、この友だち感覚な手土産からは、気を使わない雰囲気が滲み出ていた。

ミドリさんはこの歳になっても自分の歯がきちんとあって、せんべいをバリバリ食べる。歳を感じさせないその姿に「甘いものは好きか」とよく聞かれるそうだが、「甘いものが嫌いな人がいるわけないだろう」と自信ありげに返している。大好物はくるみパン。和菓子よりもクッキーなどの洋菓子を好んで食べる。

下田さんは踊りの先生で、衣装はみんなミドリさんが作っているという。この日は、衣装のマントが完成したので、その試着をしに来たらしい。

完成品は、新潟の「角巻」のようなデザインのマントだった。ずいぶん古風なマントだなと思っていたら、最近はこういうマントが流行《はや》っているとかで、下田さんも試着しながら出来栄えに喜んでいる。肩にかけて歩いてもかっこよく、表裏両方使えるように仕上げてある。ミドリさんは最近、踊りの帰りらしき人がマントをひじにかけて歩いているのを見て、ヒントにしたという。ミドリさんはいつも流行とか、誰がどんな服を着ているかなどをよく見ている。ミドリさんの作る服について下田さんは「みんな、ものがいいよ」と満足そうだ。

今度は下田さんの孫で小学二年生のみーちゃんのお洒落さをミドリさんはほめはじめた。

「みーちゃんは、ほんとお洒落だよねー。あれはお洒落な子になるよ」

ミドリさんが子供の頃と同じあだ名のみーちゃんは、髪の一部を茶髪にしている今どきの女の子。自分で髪を巻いて、巻髪にしようと意識しているという。鏡を見ながら髪をとかすみーちゃんのまねを、ミドリさんが嬉しそうにジェスチャーするものだから、みーちゃんの可愛らしさが目に浮かんでくる。

下田さんはその日、ペットのインコに指をかまれて怪我をしていた。インコの名前はヘレン。みーちゃんが付けた。

インコの名前を聞いた途端、「ヘレン……」と渋い声を出しながら、ミドリさんの顔がぴくぴくと引きつった。今度は気を取り直して、驚いた感情を前面に出しながら、「ヘレンってまた、すごい名前付けたね」と、張りのある声でミドリさんが食い付いてきた。

「それ聞いたときは笑っちゃって笑っちゃって」と下田さんも笑いだす。そして、ヘレンがいかにおもしろい名前かをテーマに二人で盛り上がっている。

「そういえば、ヘレンっていう名前の人いたね」

ミドリさんはヘレンに何かピンとくるものがあるらしく、必死に考えている。

「西川きよしの奥さんだ！」と、今度は横山やすしと西川きよしの漫才話に話題は移行していた。あれほどおもしろい漫才は、ほかになかった。そう言って、とっておきのシーンを、ミドリさんが軽い身のこなしで嬉しそうに何度も何度も繰り返し再現する。胸ポケットからひょいっと櫛を取り出して、ひょいひょいと髪をとかして、横山やすしのまねをする。それで笑いを取る。

みーちゃんのまねで先ほどやっていた仕草と、あまり変わらない。私にとっては、普段のミドリさんのほうがよほどおもしろかった。

ミドリさんの家の居間ではあたりまえに、こういった会話が飛び交っている。


ミドリさんが少し席を外したところで、下田さんが私に話しかけてきた。

「ここに来ると落ち着くわよね。こういう木造の家も珍しいからね」

彼女もこの家が好きなのだ。実は、下田さんはみどり荘の元住人だという。フランス産のタイルを施した、お風呂が一番豪華な部屋に、家族三人でかつて五年ほど暮らしていたことがある。

下田さんがみどり荘に入居してからだから、ミドリさんとの付き合いはかれこれ三十年以上になる。当時小学生だった息子も、今では四十歳を過ぎた。

下田さんは大手生命保険会社に三十年間勤めていて、もうすぐ定年退職することになっていた。今までを振り返って、「信念を貫き通すこと」の大切さについて語ってくれた。それを聞きながら、ミドリさんも感じ入るところがあるらしい。

「よく勤めたと思うよ。それで家もあるから言うことないよ」

「中古だけどね」

「あれは新築と変わりないよ。見たけど、いいつくりだもんねー。上等だよ」

そう力を込めて、下田さんにねぎらいの言葉をかける。ミドリさんは人によって心得をたたき込んだり、ファッションに意見したり、けんかをしたり、常に忙しい。

みどり荘を離れてから数年後に、下田さんは夫を亡くしている。夫の死をきっかけに、ミドリさんとより親交を深めたのだという。

「(下田さんは)きれいな人だったよー。旦那もいい男だったけどね」

あくる日は敬老の日だった。下田さんはすでに母親を亡くしている。だから母の代わりに、毎年敬老の日にはミドリさんに孝行することを決めている。海鮮料理が美味しいお店で、ミドリさんに食事をごちそうするという。ミドリさんは大勢の人からこうやって愛されている。

❖ みどり荘にサーフィンと国際化の波

下田さんもかつて住んでいたという、みどり荘の一番お風呂が豪華な部屋に一番長く住んでいたのが佐藤さんという若い男性だった。佐藤さんはサーフィンが大好きで、自分の部屋とは別に一階の物置をサーフボードの収納場所として使っていた。休日には湘南海岸に出かけて行って、サーフィンを楽しんでいた。

その佐藤さんが、三十四歳になって結婚することになった。お相手は二十七歳のロシア人である。家では富士山の見える湯舟に浸かり、海では波乗りを満喫し、とうとう国際化の波にも乗っかった。この日本家屋から初の国際結婚である。

「どうして知り合ったのかなー」

ミドリさんは二人の馴れ初めを佐藤さんから聞いているにもかかわらず、なおまだ不思議そうにしている。

佐藤さんは、東京で食品関係の会社を経営している。亡くなった父の後を継いで、若くして社長になったのだ。小さな会社だが軌道に乗っているらしい。結婚することになったロシア人の女性は日本語を習いに来日していて、事務員として佐藤さんの会社で働いていた。

ミドリさんは二人の出会いを不思議がったかと思えば、今度は言葉が通じるのかと気にしたり、とにかく国際結婚に興味津々《しんしん》である。

結婚式のときにはロシアから家族総出でやって来て、木村家に遊びに来た。結婚する相手が住んでいる家の大家さんのところに挨拶に来るところが、人情に通じている。ロシア人の彼女とも話が弾んだ。

「いいこと聞いたよ」と、嬉しそうにミドリさんは言った。

それは、ファスナーが付いた洋服の着方だという。彼女は着ぐるみのように、背中にファスナーが付いた洋服を着ていた。かつて洋裁学校に通っていたミドリさんは、ファッションへの関心が人一倍強い。「背中にファスナーあるのにどうやって着るの」と質問すると、彼女は実践して見せてくれた。

ファスナーを前にして、ひゅっとかぶって、くるっとまわして、両手を入れる。それをやって彼女は笑っている。

ミドリさんはすっかり、感心しきってしまった。

「それを教わったよ。なるほどなーと思って」

私に説明しながら、ジェスチャーでこれを何度も何度も繰り返す。ひゅっとかぶって、くるっとまわして、両手を入れる。そしてコメントを挟む。

「あれは恐れいった」

そして、また、ひゅっとかぶって、くるっとまわして、両手を入れる……。たったそれだけのことなのに、ミドリさんはとっても嬉しそうだった。


佐藤さんは「木造の家でないと嫌」だと言って、こだわりを持って住んでいた。みどり荘の部屋からは海も見える。そして、お風呂をとても気に入っていた。父親が亡くなって一度実家に引っ越してからも、ミドリさんの家が恋しくて再びこの家に舞い戻ってきた。

その佐藤さんでも結婚となると、話が違ってくる。今度こそ本気でミドリさんの家を出て行くことになり、鎌倉に家を買った。

そこは傾斜地になった住宅街の真向かいに海の広がる、いわずと知れたサーフィンスポットだ。江ノ電が走り、海と空が同化した青いパノラマの景色には誰もが息を呑む。思う存分に海を満喫できる好立地である。

こうしてみどり荘の住人が一人、結婚によって巣立っていった。

第八章

からくり部屋の秘密

❖消えた老婆にくノ一疑惑

からくり屋敷の謎は、いっこうに解明されないままである。禁断の部屋、仏間を覗いてみたいという試みも、当分は成果が出ることはなさそうだった。世の中がめまぐるしく変動してグローバル化の波に乗ってゆくのを尻目に、この家だけが地球と一緒に回らず異次元にあるような、世間とのズレをどうも感じてしまう。

室内の秘密を探るには時間がかかると悟った私は、自分から何か変化を起こそうと、関係づくりにせっせとミドリさんの家へ通っては、建物の全体像を把握するための作戦として、図面作りから取りかかることにした。すると、からくりがどうこうという前に、不思議な光景を目にすることになってしまった。

ミドリさんは週に数回、午前中に病院へ診察に行く。それも手作りのワンピースに白い麦わら帽子という、病院へ行くとは思えないいでたちである。正真正銘のお洒落さんなのだ。

私はミドリさんの外出中でも庭までは入っていいことになっていたから、午前中は庭で過ごす。ところが、この家があまりに複雑すぎて、実測に手間取っていた。限られた日数の中でなるべく長い時間、庭に張り付いて過ごしているものだから、さすがに数日経つと住人が「いつまでやってるんだか」という目で苦笑いしながら進行状況を気にかけてくれるようになっていた。

ミドリさんは、数時間で病院から戻って来る。門をくぐるところまでは私も必ず見届けるのだが、「まだかまだか」といくら待っても、玄関までやって来ない。まだ庭のどこかにいるはずだから「どうしたのか」と思って気づくと、ミドリさんは家の中にいて、部屋から縁側の戸を開けている。これにはたまげた。

家の中に入るには、玄関から入るか縁側から入るか、二つしか方法がない。ミドリさんがどちらからも入っていないのは、私がこの目で見届けている。九十歳を過ぎたミドリさんが窓によじ上って中に入るわけはあるまいし。ミドリさんに聞いてもうまくかわされてしまって、どうやって家の中に入っているのか結局分からずじまいだった。

翌日もミドリさんは病院へ行き、私は庭で実測を開始した。今まで気づかなかった細かな建築意匠を次々と発見して、感心しきりである。戸をはめている敷居はこれでもかというくらいに幅があって、戸をすべて戸袋におさめても、その隙間に人が入れるといっても過言ではないくらいにゆったりとつくられている。ミドリさんがデザインし、敷地の囲いや階段の柵など至るところに付けられた鉄のフェンスは、人目につかない場所まですべて細部の模様を変えるこだわりをのぞかせていた。

そこへ白い麦わら帽子にワンピース姿のミドリさんが帰って来た。今度こそは見逃さないぞと、意気込む。

ミドリさんを尾行すると、旧館にあたる居間の横、建物の端っこに設けられた物置があるところで植木をいじくっている。ここにいれば安心だと私が少し目を離したところで、やはりミドリさんは消えていた。「しまった」。そう思ったときには、ミドリさんはすでに家の中にいた。忍びをつかさどる「くノ一」という言葉が頭に浮かんだ。

門から外へは出ていない。どうも庭の物置あたりが怪しいと思って、消えた場所の界隈でさんざん探りを入れてみた。どれだけ入念に調べても、ここから中に入れるような扉はない。不思議どころか不気味でもあった。ミドリさんは探せるもんなら探してみなさいとでも言いたげな「へへ」といった強気の態度で構えている。悔しいけれど、今日も私の負けである。

後日――今日こそはと意気込んでいた。もう実測どうこうよりも、ミドリさんがどこから家の中に入るのか探ることが、午前中を庭で過ごす一番の目的になっていた。ミドリさんが病院から帰って来た。ぴったりくっついて、しっかり監視する。そしてやっと突き止めた。

ミドリさんの部屋と物置との間にニスで塗ったような茶色いベニヤ板の壁がある。ミドリさんはそのベニヤ板を手前に引いた。壁としか思っていなかったベニヤ板が実はドアになっていたのである。

そのドアを開けると、中は地面を壁で囲った半屋外の、広々とした空間になっていた。みどり荘の階段下のスペースであり、一階の物置とつながっている。「風呂タイル補助用」とマジックでデカデカと書かれた木箱、今はもう使わなくなった自転車などが置かれている。

そこから細長いドアを開くと、家の壁とみどり荘の外階段を支える外壁とのわずかな隙間が通路のようになっており、その細長くまっすぐな空間の突き当たりに再びドアがあるのが見えた。かつて体重が八十キロあったというミドリさんが通り抜けできたのか心配になるようなわずかな隙間を、ミドリさんはすたすたと通過し、細長いドアに手をかけた。まだ何か先に続いている。

ドアを開けるとそこはミドリさんが使っている台所の裏手に位置し、再び広くなった、半屋外の空間だった。ボイラー室兼、洗濯などを行う作業部屋である。暖を取るために北海道でボイラー室は欠かせない。ただここ神奈川で、自宅にボイラー室を設ける必要があるのだろうか。北海道は、こんなところにも滲み出ている。

そこから台所の勝手口を通って、ミドリさんは家の中へと入って行った。ずいぶん手が込んでいる。

だいぶ後になって気づいたのだが、この家の玄関には外鍵がない。玄関の扉は室内にあるのと同じタイプの引き戸で、その内側から木の大戸を二重に閉めるつくりになっている。肝心の戸締りはどうするのかといえば、内側の木戸に付いている〝猿〟(新潟村の木村家にもあった、錠前のような仕掛け)のみで、昔の日本家屋の伝統的セキュリティシステムそのままだ。

内側からしか戸締りできない以上、誰かが家の中にいない限り、この玄関から住人が出入りすることは不可能である。表玄関は客を招き入れるだけのものと捉えているのか、大家族ならともかく、ここにはミドリさんしか住んでいない。

だからミドリさんは外出する際、内側から念入りに戸締りした上で、誰にも悟られることなく、裏の「隠し通路」を日常用出入り口として利用しているのだ。この家には、まだまだ私の知らない秘密がたくさん潜んでいるようだ。

❖ 電信柱は秘密を語る

ミドリさんはこの家の〝結界《けっかい》〟に入ると、よく消える。〝くノ一疑惑〟への追及は一段落したが、次は、覗いてはならないと警告してから仏間の中へと入ってゆく〝鶴疑惑〟の追及にとりかかることになった。

——電信柱の突き出たお屋敷には、廊下の先に決して覗いてはならない「鶴の間」〈仏間〉があり、ミドリさんは洋服を作りにその部屋へと入っていく。ところが洋服を作る姿はおろか、ふすまを開けてもミドリさんの姿はどこにもない——。

いったいどこへ消えたというのか。その謎を解く最初の手がかりは、屋根から突き出たあの電信柱に隠されていた。

この家は、電信柱を境に半分ずつ築年数が異なっているということは、前に述べた。旧館の端（新館との隣接部分）は「覗いてはいけない」という〈仏間〉、新館の端（旧館との隣接部分）は元松下電器の男性が使っている〈寝室〉である。

本来ならば、〈仏間〉と〈寝室〉は一枚の壁で隔てられた隣室同士ということになる。ところが、旧館と新館の継ぎ目には屋根の中央から突き出る電信柱が立っている。〈仏間〉と〈寝室〉どちらの部屋にも電信柱は立っていない。——つまり、〈仏間〉と〈寝室〉の間には、実はもう一つ「電信柱の突き抜けた部屋」が存在するということになる。

ミドリさんは「電信柱の突き抜けた部屋」をミシン部屋にしているという。仏間に入って行ったミドリさんが消えていなくなるのは、仏間を経由して、隣の「電信柱の突き抜けた部屋」に入って作業をしているかららしい。廊下にミシンの音が漏れてこないのも、ミシンをかけているのが二つ先の部屋だからである。

しかし、どうしても不可解なことがある。この家は「旧館の仏間・電信柱の突き抜けた部屋・新館の寝室」の順に部屋が並んでいる。ところが「電信柱の突き抜けた部屋」に接する〈仏間〉の壁は〈押し入れと仏壇〉、〈寝室〉の壁は〈押し入れと洋服ダンス〉でふさがれていて、そこで行き止まりになっている。――つまり「電信柱の突き抜けた部屋」への入り口がない。

壁でふさがれて人が立ち入れない構造なのであればそれまでであるが、しかし実際は、ミドリさんはこの部屋をミシン部屋にしているという。北海道の家の仏間では、仏壇の掛け軸をめくると回転扉になっていて、そこから隠し通路へと続いていた。ただし、この家の仏間には回転扉は存在しない。そこは、屋根から突き出た電信柱だけが唯一、部屋の存在を示唆している。この部屋に、ミドリさんはどうやって入っているのだろうか。ここに「電信柱の突き出た家」最大の秘密が潜んでいる。

❖「逃げ道」は秘密を解くカギ

私の実測作戦は、図面を書くことによる理解よりもミドリさんの心を動かすという意味で、次第に効果が表れてきた。仏間の秘密の解明に進展がないのは相変わらずだったが、真相を突き止めるための手がかりとして、ミドリさんは室内の秘密を一つひとつ明かしてくれるようになっていった。

この家には、〝逃げる〟ことを想定したからくりがいくつも存在する。ミドリさんは建物の高さについて「二十二尺くらいが丁度いい」と言っていた。本来ならば二階建ては十八尺ほどの高さで十分なのだというが、この家の場合はあえて二十二尺の高さを設けているという。その分、天井が高いわけではない。一階の天井と二階の床の間に空間が存在し、「いざというとき」にはこの「半二階」の空間を通路として、しゃがんで進むことができるのだという。

どこからその空間へ行くのかといえば、トイレと押し入れからだという。それぞれの天井は「隠し扉」（天井板を二重にしてスライド式に開けて天井裏へ抜けられるつくり）になっていて、家の中に階段が存在しないにもかかわらず（各階で居住者が違うためすべて外階段になっている）、中から上へ上へと抜けられるようになっているという。

これは手の込んだ「からくり」でありながら、「家が傷んだときに修理しやすいように造った」という別の側面も持ち合わせている。確かに、この家は天井板を固定していない「隠し扉」が数カ所あり、梯子をかけるなどしてその気になれば、通り抜けられないことはない。

しかし、「いざというとき」が仮に起きたとして、天井を抜けて上までのぼったら、そのあとはどうするのか。もちろん、二階から外への逃げ道も確保してある。

その機能を果たしているのが、軒をせり出した雁木《がんぎ》である。雁木は新潟などの豪雪地帯で用いられる伝統様式で、アーケード機能に加えて、大雪で一階がふさがれて家の中に閉じ込められたときに二階から外に出られるようにできている。

雪国では冬の積雪にそなえて、家の中から外へと抜け出す「逃げ道」をつくる必要がある。この家の雁木も雨にさらされずに縁側を通り抜けできるという利便性があり、もう一つ、二階から雁木の上に降りて外へと逃げるための踏み板にするという用途も持っている。

ミドリさんが「雁木」と言っているこの家の「軒の出」が厳密に雁木なのかといえば、若干違う気もするが、雪国から南下して新たな解釈を加えた湘南版「雁木」であることは間違いなさそうだ。雪国の知恵である雁木のかたちをただまねるだけではなく、雪国で必要な二つの用途さえここ湘南で応用してしまうのだから、木村夫婦はどこまでも凡人の発想の一歩先をいっている。

さらに、未だに覗かせてもらえない仏間にも、外から確認できる「からくり」が存在している。縁側に面したガラス戸はただ見ている分には何の違和感もないのだが、実は錯覚の心理をうまく利用した「ニセガラス戸」なのだという。

ガラス戸は本来ならば、窓枠の二分の一の大きさのものを二枚はめ込んで、スライド式に開閉する。しかしこの部屋（仏間）のガラス戸は、一枚は引き戸で使用する二分の一の大きさのもの、もう一枚は窓枠と同じ大きさ（本来の二倍の大きさ）のものをはめ込んでいる。つまり、動くガラス戸をスライドさせてもこの窓は開かない。引き戸がありながら、ここから中に入ることはできないのである。——と書いていて、このガラス戸を実際に見て聞いて大興奮した記憶だけはあるのだが、どういうわけか、その後この「ニセガラス戸」が見当たらない。二枚のガラス戸に加えて、もう一枚内側から同じ戸を入れれば同じ仕組みにはなるのだが、あの記憶は何だったのか、今となっては不思議でならない。

そしてこれは、ミドリさんいわく敵（侵入者）を惑わせ時間を稼ぐためだという。外気が直接入らない仏間の夏は、さぞ暑かろう。〝敵泣かせ〟、というより〝住人泣かせ〟な窓だといえる。

ガラス戸にはもう一つ、秘密がある。縁側に面した部屋の戸はどれも間口が同じでデザインも統一されているにもかかわらず、なぜか二枚戸の部屋もあれば四枚戸の部屋もある。

寝ているときに逃げる必要に迫られたら、四枚戸だと幅が狭すぎて布団を持ったままガラスを突き破れない。だから寝室は布団の大きさに合わせて二枚戸、その他の部屋は四枚戸の窓にしているのだという。仏間もかつては寝室として使っていたため、二枚戸になっている。――そうはいっても夜は雨戸を閉めるから、布団の出る幕はないのだが。

この家の「からくり」は緻密に練られている割に、多くの無理が生じている。そして何度聞いても思うのが、「いざというとき」とは、いったいどんなときなのかということである。私の疑問に対して、ミドリさんは一向におかまいなしで、「とにかく時間差を考えること」と逃げ道をつくるコツを伝授するだけだった。

❖ 開かずの部屋への入り方

ミドリさんは室内の秘密について「一度に何もかも教えてしまうのはよくない」と言って、毎回スタンプを一個ずつ押していくような感覚で、情報を小出しにして提供してくれた。私は真相解明へ向かって迂回しながら進んでいるのか、それとも脱線しているのかさえ分からずに、毎回ワクワクしながら、せっせとミドリさんのもとへ通い詰めた。

ミドリさんは、人を虜にする術《すべ》に長けている。彼女はテーマパークばりのからくり屋敷に引けを取ることなく、まさにエンタテイナーそのもので、私は完全にペースを握られてしまった。

それでも、会う回数を重ねるごとに、私とミドリさんとの距離は着実に縮まっていった。親しくなるにつれて私への態度が丸くなったのか、それとも歳を重ねてミドリさんの性格が丸くなったのか、個性ばかりが際立っていたミドリさんに、普通のお婆さんの一面があることにも気づくようになった。

私がミドリさんの情報を多く握るようになってくると、立場はおのずと逆転してくる。いつしかペースを握っていたのは、私のほうだったのかもしれない。

ある日の別れ際のことだった。しばらく会えなくなる私にふと情がわいたのか、ミドリさんはとうとう最後のカードを切った。

「今度来たときは、部屋を全部見せてあげる」


その翌年に、ミドリさんはいさぎよく禁断の部屋のふすまを開けた。

仏間を覗いて最初に目に飛び込んできたのが正面、仏壇のある壁に飾られた掛け軸である。大きく力強い字で「努力」と書かれたその掛け軸に、背筋がゾクッとするくらいドキリとさせられた。仏壇に「努力」か……。らしくもあり、謎でもあった。

「電信柱の突き抜けた部屋」に接する仏間の壁は、仏壇と押し入れとでふさがれている。どうやって奥の部屋に入るのか、眺めているだけでは解明できない。標語のように堂々と書かれた「努力」の文字が、この壁から訴えかけてくる。努力でどうにかなる問題ではない。

するとミドリさんは押し入れの戸を開けた。そして、そのまま押し入れの中へと入って行ってしまった。なんとこの押し入れは、隣の部屋に通じる通路になっていたのである。なにしろミドリさんが押し入れの中に入って行くものだから、目撃した人は誰もが「魔法みたいな家だ」と驚くという。

通路といっても、見た目は正真正銘の押し入れである。一間の押し入れの上に天袋《てんぶくろ》まで付いている。なぜここまで押し入れに忠実なのかといえば、増築するまでは本当に押し入れだったからなのだ。建築当初はここが建物の端っこだった。増築によって、押し入れの向こう側にも部屋ができた。そのときに押し入れの奥の壁をぶち破ってそのまま通路にしてしまったことで、この部屋はめでたく「からくり部屋」へと様変わりした。「ここに布団をしまえば、戸を開けても先に部屋があるのは分からない」

押し入れにいらない布団をたくさん積んで、通路を隠すのだという。――洋服を作りに仏間に入って行ったミドリさんが消えてしまう現代版「鶴の恩返し」のミステリーは、こうしてやっと「めでたしめでたし」で終われそうである。

さて、ミドリさんが以前に明かしてくれた話によると、「電信柱の突き抜けた部屋」にもう片方で接する寝室にも、この「開《あ》かずの部屋」とを行き来できる扉があるという。

その部屋の住人である元松下電器の男性は感じのいい気さくな人なので、私はだいぶ前に部屋にお邪魔して内部を案内してもらっていた。その日、キッチンでは奥さんらしき人が食事を作っていたのだが、気づいたら出かけてしまい、男性と二人きりになった。そして寝室で、問題の壁と対面する。

「電信柱の突き抜けた部屋」に接するこの壁は、押し入れと洋服ダンスでふさがれている。ミドリさんは、この壁には「隣の部屋へ続く扉がある」と言っていたのだが、実際に見てみるとそんな扉は見当たらない。

ミドリさんから聞いたことを単刀直入に尋ねてみると、男性は扉の存在をきっぱりと否定した。さらに突っ込んで聞いてみたけれど、「洋服ダンスを置いたのは自分だけど、この壁に最初から扉はなかった」と断言した。

ミドリさんは、この寝室に「電信柱の突き抜けた部屋」へと続く扉があると言っていた。それはミドリさんの、口から出まかせなのか、それとも男性が扉の存在を隠しているのか。その答えは、仏間を経由して「電信柱の突き抜けた部屋」を覗くことで明らかになった。

❖ 電柱部屋の真実

私もミドリさんに続いて、押し入れを通り抜ける。そこを抜けると、異次元にタイムスリップ――。そんな奇跡は起きないけれど、時計もなく、音も漏れず、外部から遮断された部屋である。そこには、洋裁道具がたくさん積み上げられていた。決して広くはないものの、趣味の部屋としては十分な大きさだ。

部屋を見渡して、まずは電信柱の場所を確認した。電信柱はそのまわりを壁で厳重に囲んであって姿こそ見えないが、確かにこの部屋には電信柱が存在している。若い頃に「電信柱」と言われたミドリさんがのちに本物の電信柱と並んで洋服作りにいそしむとは、なんとも不思議な巡り合わせだ。

続いて、隣の男性宅の寝室とを隔てている〝問題の壁〟を確認した。こちら側からは隠すことなくしっかりと、寝室の洋服ダンスが置かれた位置に扉の存在が確認できる。やはり、寝室と「電信柱の突き抜けた部屋」は扉でつながっていた。扉を洋服ダンスでふさいだのは男性本人である。それなのになぜ、彼はかたくなに扉の存在を隠したのだろうか。ミドリさんに口止めされて律儀に守っていたのだろうか。それとも、そこまでしてでも隠し通さなければならない何か秘密があるのだろうか。

大きな洋服ダンスの裏側には「秘密の扉」が存在していた。男性が扉の存在をかたくなに隠す理由が明らかになるのは、もう少しあとになってからだった。

「電信柱の突き出た家」の一階は、旧館から新館まで長屋のように世帯ごとに住み分けされているものの、実は端から端まですべての部屋がつながっている。しかし、見た目には分からない。元松下電器の男性宅から中に入っても誰も洋服ダンスの奥に部屋が続いているとは思いもしないし、木村家から中に入っても誰も押し入れの先に部屋が続いているなんて思いもしない。

ミドリさんによると、住人は皆この家の「からくり」のことを知っていて、「いざというときにはそこから逃げる」という暗黙の了解があるという。よほど気心の知れた人にしか話さない。通路をどう隠すのか、一つにつながった部屋をどう住み分けるのか、全世帯のチームワークが試される。この話が本当だとすると、やはり隣の住人の「知らない」という一点張りは演技だったということになる。

この家は「逃げる」ということを常に念頭に置いて造ってある。本来、家というのは逃げ道を設けるものである。どんな建物にも必ず非常口はつきものであるし、例えば最近のマンションならばベランダは世帯ごとに間仕切《まじき》りで隔てられているものの、非常時にはその間仕切りを突き破って通路にするようになっている。

建物だけでなくそれが町であっても、昔から人々は非常時にそなえて逃げ道を確保して、それを同じコミュニティの中で暗黙の了解として共有してきた。「電信柱の突き出た家」は逃げ道の造り方が少し個性的なだけで、それが共同住宅であるからこそなおさら、逃げ道を設けて住民同士で共有するというのは当然のことだとも考えられる。ミドリさんは、暮らしの知恵をこの家の「からくり」に応用してきた。

しかしそれにしても、この家の「からくり」は相当手が込んでいる。自宅にここまで、私から見ると遊び心に富んだ「からくり」を取り入れるものだろうか。訪れた人に見せびらかして自慢するわけでもない、住人だけが知っている秘密のからくり。役立つ日がくるかどうか定かではなく、気づかれないように造っていて、そのうえお金をかけている。どうしても腑に落ちない。

「誰かに追われて、押されて押されて来たら、どこに逃げる？」

ミドリさんは、神妙な面持ちで問いかけてきた。

「……外に逃げる」。真面目に答えを返すとしたら、この一言以外に考えられない。

「どうやって外に逃げる？」

「裏口から」

「表も裏も全部ふさがれるかもしれない。そうしたら？」

ミドリさんがふざけて言っているようにはとても思えない。声のトーンを落として、顔は真剣そのものだ。ミドリさんの真面目な問いかけにどう接すればいいのか迷っている自分がいる。そんなことを普通は考えない。

家は、逃げるときのことを考えて造らなければならない。ところが従来の木造住宅のようにまず柱を設けてから壁や戸で仕切る伝統的なつくりと違って、住宅メーカーが造る最近の家は箱型の空間を先に造ってから窓や入り口を設けている。これでは八方ふさがりになってしまう。

　今の日本は平和だけれども、もしここで戦争がはじまったらどうやって自分の身を守るのかと、ミドリさんは考えている。どんなときでも逃げるための最善の対策を整えるべきなのだ。自分が怪我をせずに済めばよしとするのではなく、人にも怪我をさせないためには、みんながまず逃げられること。だから箱型の家は駄目なのだ。非常事態は自分の機転で何事も防げる。だから、家を設計する場合は常に逃げる手段を考えること。常に最悪の事態を想定すること。

「人間、勝つときばかりでない。負ければ降参しなければならない」

　食べ物も補充しておく。そう言っている視線の先、廊下の突き当たりには非常食が堂々と置かれていた。あまりに分かりやすい。

　この日、近所の家では外壁の修復工事が行われていた。そこは住宅メーカーの造った近代的で立派な家なのだが、立派なのは見た目だけであって、工事の様子を見に行ったミドリさんは「あの家はいざというときにそなえた機能を設けていない」と批評した。八方ふさがりなつくりをしている、というのである。

「人間なんか、いい家造ってどこから逃げるのだろう」

　からくり屋敷を極めた人だからこその言である。

　人にはＤＮＡというものがあるけれど、「電信柱の突き出た家」のからくりには北海道で暮らした家のDNA、先祖が代々守り受け継いできた歴史と文化が脈々と息づいている。

「D」電信柱の「N」ない家なんて「A」ありえない。——そんな標語がついつい浮かんでしまった。

❖ 本当に「いざというとき」がやって来た

この家のからくりは「いざというとき」に威力を発揮するらしい。その「いざというとき」がいったい何なのか、私はまだ、その問いから抜け出せないままでいた。

北海道で、ミドリさんの暮らしていた家には仏間に回転扉があったという。そして、その回転扉からは隠し通路に続いていたという。なぜそのようなつくりになっていたのかは、ミドリさんにも分からないままである。それらの中には、新潟の民家の伝統様式をミドリさんが「からくり」だと解釈したのであろうつくりも含まれてはいるものの、それを差し引いても北海道の家はミドリさんにとって、まぎれもなく「からくり屋敷」そのものだった。

新潟村は、争い事のない平和な村だったという。ましてやミドリさんに〝いざというべき事態〟が襲いかかってきたことは一度もない。だからだと思うが、ミドリさんは

「こういうのが〝いざというとき〟だ」という具体例を持ち合わせてはいなかった。それでも私は「いざというとき」とは何なのか、気になって仕方がなかった。

しかしある日突然、私はこの家で〝ある事件〟に遭遇し、「ああ、なるほど。いざというときとは、こういうことか」と妙に納得してしまったのだった。それは、誰にも予測できないからこそ「いざというとき」なのだ。もし、「こういう場合がいざというとき」と説明できてしまったら、その時点でそれは「いざというとき」ではなくなってしまうだろう。想定外を想定する——それを極めた結果が、この「からくり屋敷」なのではないだろうか。

それは平成十八年五月のことだった。その日の天気予報は降水確率が百パーセントに近かった。私は近くに用事があって、偶然ミドリさんの家に立ち寄っていた。本当は出かける予定だったミドリさんも雨の日の外出を避けて、その日は一日中家にいた。

九十二歳になったミドリさんは、足にガタがくるようになっていた。かまいたちの影響で、足が腫れあがることがある。

病院へ行くと患者たちは、

「三本足でどこに行くんだ」

と言って、松葉杖をついたミドリさんをからかった。

いじられキャラのミドリさんも、負けてはいない。二本足に戻ったかと思えば積極的に動き回って、この頃から骨折を繰り返すようになっていった。

右足を骨折したミドリさんは、患者たちから変な呼び名を付けられる前に先手を打って、骨折したそのさまを自ら上野動物園の人気者にたとえてみせた。

「半身、パンダと同じになった」

これは、足もとが不自由な自らの状況と、のんびりくつろいでいるパンダのイメージとを重ね合わせた洒落た表現のようである。

この日はパンダになってからまだ二カ月しか経っていないのに、今度は右手を骨折していた。魚の木箱をトンカチで解体していて骨折したのだという。九十二歳の骨折の仕方としては異例すぎて、私は呆気《あっけ》にとられるしかない。

「また骨折したんですか？」

「またじゃないよ。今度は手だ」

あまりに頻繁に骨折するものだから、まわりからも呆れられている。それでも、ミドリさんはめげない。

「もうレントゲン撮るところがない。あとは頭だけだね」

予報より少し遅れて、夕方から大雨になった。私は帰り支度をしてミドリさんも玄関まで見送りに来てくれた。靴を履こうとしたそのとき、事は起きた。

玄関の向こうから、マイケル・ジャクソンのような服装と髪型で、雰囲気もちょっと似た女性がこっちへ向かって駆けてくる。真っ赤なパンツ、真っ赤なブラウスに、真っ白なジャケット。華やかすぎる服装に一瞬ひるんだが、よく見ると以前に会ったことのある気がした。

「ミドリさん、お客さんが来ましたよ」

玄関で靴を履きながらガラス越しに女性を眺めていた私が、後ろのミドリさんに声をかけた。そして私が玄関を開けるのと同時に、ちょうど目の前にたどり着いた女性は口を切った。

「なんか咲山《さきやま》の人がおかしいの。話しかけても反応ないし、触ったら冷たくなってる気がする。よく分からないけど」

咲山とは、元松下電器の男性の名字である。「冷たくなってる気がする」というのが少し引っ掛かったが要は具合が悪いらしく、彼女はどうしたらいいのか分からない様子だった。

なぜ具合が悪いことに気づいたのだろうか。勝手に部屋に入ったのだろうか。夫婦であれば納得できるが、夫とは言わずに「咲山の人」というおかしな言い方をした。

それでも記憶をたどってみると、どうも彼女は元松下電器の男性の妻だという気がしてならない。家にお邪魔したときに、確かに彼女は台所で家事をしていた。

私が必死に考えている傍らで、ミドリさんはそっと、彼女は「通い妻」なのだと教えてくれた。あえて恋人とは言わず「通い妻」。この新鮮な言葉の響きよりも何よりも、彼女が家の中で家事をしている様子があまりに自然だったから、はじめて明かされた事実に驚きを隠せなかった。

彼女が恋人だと分かったうえであらためて記憶をたどってみると、男性はお昼を自分で作って食べていて、一人のことが多かった。ずいぶんしっかり家事をする人だと思ったものだ。彼は一人暮らしだったのである。

壁一つ、それも「秘密の扉」でつながった壁を隔てて、こちらは七十歳違いの友人と過ごし、隣では別の住人が恋人と過ごしていたのだ。

彼女の話を聞いた限りでは、男性がどこまで具合が悪いのか分からなかった。それでもいつもと様子が違うから、こっちに助けを求めに来ていることだけは確かなのだ。とにかく、近くの病院から医者を呼ぼうという話になった。電話はミドリさんが引き受けることになり、彼女は再び、男性の様子を見に隣の部屋へと戻って行った。

ミドリさんも部屋へ戻って、病院の連絡先を知っていそうな人に電話をかけはじめた。しかし、かかりつけの病院でもないと連絡先なんて知らないから、うまくいかない。しまいには、けんか腰になっている。

外は大雨。ミドリさんは電話にかかりっきりで、恋人は男性にかかりっきりになっている。何より、「病人」と電話係の距離が離れすぎていることが問題だった。電話係のミドリさんは男性の状況を全く把握していない。そのままにして帰るわけにはいかないから、私は二人の連絡係に徹することにした。

こんなときでも「秘密の扉」は活躍しない。雨が降りしきるなか、玄関を出て雁木下の縁側を伝って行き来する。傘をささずに互いの部屋を行き来できるのがこの家の雁木の用途の一つなのだが、雪国の知恵がこんなときに役立った。

❖雨と黒電話の憂鬱

やはり、男性の状態は相当悪いらしかった。「らしかった」というのも、布団をかぶっていて顔が見えないから、枕の横に座った恋人の証言にゆだねなければならない。医者を呼んでいる場合ではなくて、今すぐにでも救急車を呼んだほうがいいのではないだろうか。彼女がその意見に賛同してくれたところまではよかったのだが、「救急車にしてください。一一〇、一一〇番……」という彼女の発言（番号違い）とその場の空気に、私はすっかり呑まれてしまった。

「ミドリさーん、やっぱ救急車呼んでください。一一〇番……」

雨で声が届かない。加えてこの家はつくりがしっかりしていて壁が厚いから、よけいに声が通りにくい。

みんな、冷静さを失っていた。第一、この分業体制が非効率的である。彼女が直接電話をすればよいものを、なぜか男性の付き添いのほかに電話係、加えて両者の連絡係にまで分業している。とにかく第三者がしっかりしなければと思って「電話室」へ走っている私自身も、携帯電話の存在をすっかり忘れていた。

急いで救急車を呼びたいところだが、困ったことにミドリさんの家は未だに黒電話なのである。ダイヤルを回すのに時間がかかり、そのうえかけ間違えやすい。ミドリさんは受話器を持って相手としゃべる係で、私はダイヤルを回す係や電話番号をメモする係も兼任することになった。イチ・イチ・ゼロと人さし指で一回一回ダイヤルを回していく。つながったのは、警察だった。気を取り直して再び、イチ・イチ・キュウと黒電話のダイヤルを回しはじめた。

ミドリさんは電話口で住所を「みどり荘」と言っている。厳密にはみどり荘はアパートで、同じ土地でも場所が違う。ミドリさんが状況説明をして、私が横から補足説明をしていく。私たちは当事者から離れたところで電話に徹しているから、リアルな証言がどうしてもできない。恋人が救急隊に説明すべきだと思って、急いで彼女を呼びに行った。いちいち時間がかかってしまう。

この非常事態——雁木は思う存分威力を発揮しているというのに、男性が横になった寝室からミドリさんの部屋へと続く「秘密の扉」はまったくもって役立たなかった。

あとは救急車を待つだけだった。ところがこの家は六世帯が暮らしていて、入り口がたくさんある。家にたどり着いても誘導係がいなければ、目的の部屋へたどり着くのさえ一苦労だろう。それに気づいて、急いで外へ出た。

一番近道の正門が開いていることを確認して、雨の中を門の前で一人救急車の到着を待っていた。そろそろ近づいて来てもいいはずなのに、救急車の音はまだ聞こえてこない。タイミングよく遠くから消防車の音がした。雨で距離感がつかめないが、近づいて来るのは消防車のサイレンである。きょろきょろしているうちに、消防車がこっちへ向かって来るのが見えた。どんな事情があったのかは知らないが、駆け付けてくれたのは救急車ではなく、なぜか消防車だった。

大勢の隊員が車から降りて来るのと同時に、瞬く間に近所の人たちの人だかりができていた。消防車が来たら、普通は火事だ。バリバリの木造住宅である木村家が火事になったらタダゴトではない。私はやたらと人数の多い消防隊員を男性の部屋の中まで誘導し、ミドリさんを呼びに行った。このときミドリさんは九十二歳で足の骨折が完治していなかったというのに、それを感じさせない力強い足取りでさっさと歩いて来る。消防隊員は男性を見てすぐに、無言のまま人さし指でバツじるしをつくって伝達し合った。

今度は救急車がやって来た。やはり大勢の救急隊員が乗っている。消防隊員は外に出て、新たに来た隊員たちに無言でバツじるしをつくって見せた。救急車に運んで病院へ搬送するという段取りがない。私とミドリさんは、男性が死亡したのだと悟った。

消防組が車に乗って帰って行き、あとから来た救急隊員と交代した。車を門にしっかりつけて、外から見えないようにしている。付き添いの彼女に「持病はありましたか」「通っていた病院はありますか」など質問を始めた。そして別の人がミドリさんにも質問をし始めた。私の役割は終わったようだ。

ミドリさんは私に向かって「死亡したみたいだね。もう帰っていいよ」と、やけに優しい口調で言った。私はこの日、関西から訪ねて来ていて、その日のうちに夜行バスで帰ることになっていた。当分この家には立ち寄れない。心残りのまま外に出た。

さっきまでの人だかりが嘘《うそ》のように、外は人けがなくひっそりしていた。私が道路にぽつんと立って家の中を眺めていると、縁側で事情を聞かれているミドリさんがかすかに見えた。ここに立っていてもしょうがないと思って、すぐに家をあとにした。

男性はまだ五十七歳であり、大手企業を早期退職したばかりの穏やかな人だった。彼が私の父と同い年だと、亡くなってはじめて気づかされた。彼はこの家を気に入ってずっと住み続けていただけあって、世のおじさんたちとは少し違うファッションセンスをしていた。古着屋で売っているような柄物のシャツを着て、散歩が日課だった。私になぜか扉の存在を隠していた。

夜になって、ミドリさんから携帯に電話がかかってきた。「今日は迷惑かけたね、ありがとね」という内容だった。持病があるわけでもなく、突然死だった。原因不明のため、これから司法解剖するという。親族とはまだ連絡が取れていない状況だという。

ミドリさんはこの日、知人の出産祝いに駆けつける予定だったのだが、大雨のために予定を延ばして家にいた。そんなさなかのお隣さんの最期だった。こんな「いざというとき」に、結局「からくり」は機能しなかった。

からくりを隠し通した住人の秘密

数カ月後に再び家を訪ねると、縁側の戸が開いていて作業着を着たミドリさんが机の上に大きなベニヤ板を置いて洋服作りにいそしんでいた。

「暇になったから、いたずらはじめたとこ」

洋服を作るだけなのに、大きなベニヤ板を引っ張ってきて、作業着まで着て、ずいぶん大がかりないたずらだなと感心する。ところがそんな平凡な空気もつかの間、最近またた骨折をして、まだ完治していないことが判明した。十キロの米袋を持って、またまた

「手が最初は赤くなって、黒くなって、白くなって、三毛猫《みけねこ》になった」

そう言って、のんきに構えている。骨折した手でベニヤ板を運んで洋服を作っていたのだ。三毛猫の〝ミーちゃん〟はただものではない。

私は気になっていた男性のことに話題を移した。男性は食事をしたあと昼寝をしたと思ったら、そのまま布団の中で亡くなったという。亡くなる前日も、ミドリさんは彼と話したけれど、体調はいたって普通。兆候はまったくなかったという。

いつもお互い昼寝をするときにガラス戸越しに目が合うと、耳に手をあてた寝る格好のポーズで「これから寝るんだ」ということをジェスチャーし合う。その日も無言のジェスチャーをやり合って、彼は昼寝をした。

男性が亡くなった日、あまりに突然だったので自殺の可能性もあるということで、ミドリさんは警察から呼ばれて、しつこく質問攻めにあった。

「大家さんって言いなさんな。足痛いし腰痛いし、いっぺんですましてくださいよ」

そう言って老人の特権でもって、ミドリさんはその場を短く切り抜けた。

まず、男性がお金に困っていたのではないかという疑いがあったようで、お金について尋ねられた。しかし男性は、二千万円を現金で家の中に置いていた。その隠し場所をミドリさんは知っているから、誰もいないときに部屋に立ち入ることはしなかったのだという。

からくりのある場所には、必ず何か秘密がある。男性が扉をタンスでふさいで「秘密の扉」にしてしまっていること。それも、扉の存在をかたくなに隠していたこと。それは、この部屋に二千万円を隠していたからなのではないだろうかとこのとき思った。

その日は激しい雨で、晩になると雷が激しく鳴った。恋人はひととおりのことが落ち着くと、「雷が怖い」と言いながら、急ぎ足で帰っていったという。


男性にはもう一つ、秘密があった。

この家が完成したときに彼は、単身赴任だと言って一人で入居してきた。それなのに、いつまで経っても奥さんを連れて来ない。弟が遊びに来たときに、ミドリさんは日頃の疑問をぶつけてみた。

「奥さん連れてこないの?」

すると弟が、本人を前に平然と言った。

「離婚したんです」

「そうなの?」と聞くと、本人は「いやー……」と、無言のままでいる。だから、それ以上は聞かずにいた。

彼女が「通い妻」となる前は、別の女性と付き合っていた。ところが二百万円を騙《だま》し取られてしまい、それっきり。だから次に女性と付き合うときには慎重で、ミドリさんに「見てほしい」とお願いしてきた。ミドリさんは関西ペイント時代に三十三組の仲人をしたので、人を見る目には確かなものがある。会ってみたら、彼よりも歳上だけど真面目なところがあった。「今度の人は真面目らしいよ」と伝えると、安心していたという。実際に付き合ってみると、彼女はとても気さくな人だったと、ミドリさんは言う。

彼女は裕福な家庭で育ったらしい。すでに子供は独立して夫は亡くなり、男性とお互いの家を行き来する仲になった。亡くなった両親が残した軽井沢の別荘へも、よく二人で遊びに行っていたという。

男性は質素なタイプで、この家の家賃も安い。長年「ナショナルの冷蔵庫係」を務めた彼には、全部で三千万円もの遺産があった。そのお金を男性の弟は警察から渡されて、全額をそのまま受け取った。それをミドリさんは横でじっと眺めていた。自分には何も言う権利はないけれど、見る権利くらいはある。ただただ、じっと見ていたという。

男性が亡くなってからも彼女は、ミドリさんに会うために時々家にやって来る。「立ち寄るところがあっていい」のだという。

最近も男性のお墓参りへ行く際に、ミドリさんの家に立ち寄った。それも両手に抱えきれないほどの花束を持っていた。あふれるほど買い込んだのは自分なのに、「買いすぎたから」と言ってお墓にそなえる分を少しだけ取って、残りはすべてミドリさんに差し出した。これが彼女の優しさなのだろう。

ミドリさんの夫は生前、札幌にお墓を買っていた。そこは景色がきれいで、春には桜が咲き誇る。ここでお花見をしてほしい、と遺言していた。みんなのお花見に便乗して、お墓の中の自分も一緒に楽しみたいと。

――お盆になると、夫がはるばる北海道のお墓から、ミドリさんのもとへと戻って来る。きっと、屋根から突き出た電信柱を目印にして、からくりだらけの仏間へ潜り込むのだろう。

エピローグ

ここから旅立った北海道移民たち

「電信柱の突き出た家」に出合ってから十年以上が経過した。すっかり虜になってしまったこの家を記録として残しておきたい。このままミドリさんが亡くなって、建物が解体されて、それで終わってしまうにしのびなかった。

なぜ屋根から電信柱が突き出ているのだろう。この屋根の下にはどんな人が暮らしているのだろうか。私がこの家と関わりはじめたのは、そんな好奇心からだった。この家をひと目見て受けた衝撃、その背景にはミドリさんの歩んできた道のりがあり、北海道開拓の歴史が深く関わっていることが、ミドリさんとの会話を通して徐々に浮かび上がってくることになった。「もっと知りたい」という思いは「(原風景を) 見てみたい」という思いへと膨らんでいった。

この家には、ミドリさんの人生が凝縮されている。私はそのルーツをこの目で見ようと、ミドリさんの歩んできた道のりを過去へ過去へとさかのぼって訪ね歩いた。関西ペイント東京事業所や独身寮、結婚後に暮らした札幌市月寒《つきさむ》、そして生まれ育った新潟村……。
新潟村でミドリさんの両親の出身地を知った私は、今度は新潟県で取材を重ねた。父の出身地の新津《にいつ》村、母の出身地の大原村、夫の出身地の佐渡市……。ルーツをたどっていった終着点の新潟で見えてきたのは、貧困と厳しい現実、新天地に夢を託した北海道開拓団の軌跡であった。

「故郷・越後の村にいたのでは『生涯小作で末が決まっているが、北海道に行って奮発すれば地主になれる。』」（『新江別《えべつ》市史』）
北越殖民社の熱心な働きかけによって、明治二十三年に新潟港に集まった人々は四百十名（百二十九世帯）に達した。その中には武田家が含まれていて、まだ幼いミドリさんの母もいた。彼らは困難を乗り越えられるだけの度量があると認められた、選ばれた者たちだった。
「多くの村人に見送られ、住み馴れし故郷を後にする移住者の気持も複雑だ。その昔のアメリカ移民の縮少された再現だつた」（『野幌部落史』）
彼らは、出身地別に伊勢丸と住江丸《すみのえまる》の二隻に分かれて新潟港を出港した。武田家を乗せた先発の船は、みんな船酔いでヘトヘトになりながら、五月五日に北海道にたどり着いている。そして入植地の野幌《のっぽろ》に足を踏み入れて、誰もが絶望的な気持ちに陥ったという。

「隣家は離れていてみえず、(中略)深い雑木林が広がっていた。入地したのは五月であったから、短期間のうちに木を伐採し、開墾し、種をまく必要があった。(中略)作業のあまりの厳しさに、つい酒や博打などにおぼれる人もいたという」(『長岡市史　通史編　下巻』)

新潟県の多くの市町村史には、この明治二十三年の集団移住の様子が詳しく紹介されている。貧しい暮らしから脱出しようと故郷を捨てて北海道へと海を渡った彼らの生活は、その後も厳しいものだったのである。

平成二十一年。この家のルーツを追って私が最後にたどり着いたのは、新潟港だった。ここは江戸時代には北前船《きたまえぶね》の寄港地として、また明治維新とともに、日本を代表する国際港として発展を遂げてきた。さらにはミドリさんの両親はもちろん、多くの人々がこの新潟港から海を渡って、北海道で新たな生活を築き上げてきた。

私が新潟港にたどり着いたとき、すでに辺りは暗くなっていた。新潟駅からほど近く、橋の向こうにはデパートの伊勢丹や高層ビルのネオンが輝いている。華やかで近代的な港でありながら、夜のせいか、どこか寂しさがつきまとう。静寂の中をカモメが鳴き、遠くからは汽笛の音が聴こえてくる。船が防波堤につながれて、断片的にライトを浴びた波だけが静かに揺れていた。

　ここから旅立った北海道移民たちはひたすら開墾に精を出し、そこに人生をつぎ込んできた。それは、一代で生活を軌道に乗せられるような生やさしいことではなかったはずだ。彼らは、そうした日々がむくわれるときが来るのかどうかも分からず、ただ全力で畑を耕し続けて、その地に生きた証を残してきた。

　移民三世であるミドリさんの人生を解き明かしながらたどり着いた「からくり部屋」は、北海道移民たちの人生の縮図のような気がしてならない。この家のからくりは日の目を見る日が来るのか、という愚かな疑問を無にするように、膨大なエネルギーがつぎ込まれている。

　それは善しあしの次元ではなく、成功や失敗といった価値観とも一線を画して、ただ全力で生き抜いてきた証として、確かに存在している。苦労も手間ひまも無駄も、何もかもをユーモアに変えてしまうミドリさんの創造力とたくましさ。そんな人生の何もかもを詰め込んだこの家の存在に私は惹きつけられ、影響されていった。

　一つの波はいくつもの波を立てて、時には予期せぬかたちで伝播《でんぱ》してゆく。明治の時代に新潟で立った一つの波は時を経て、人々の営みと創造力を培いながら、めぐりめぐってやがてその一端が湘南の地へと流れ着いた。「電信柱の突き出た家」という奇跡、そのすべては百二十年前にこの新潟港からはじまって、私をこうして惹きつけている。

この家とミドリさんの記録を残したいという思いばかりが膨らんで、どうまとめようかと考えあぐねていた私は、ミドリさんの両親がここから旅立ち、新潟村を築き上げたところから、この物語をはじめることにした。

九十五歳を超えて「百歳くらい」と大幅にサバを読むことを覚えたミドリさんは、今では杖が欠かせない。杖をついて病院に現れた貫禄たっぷりなミドリさんの姿に患者たちは、

「女の水戸黄門だ」

と言ってはやし立てた。

なかにはからかい半分に「女の水戸黄門なんているかなー」と疑問を投げかけてくる患者もいる。そんなとき、ミドリさんは自信たっぷりにこう言い返す。

「女の水戸黄門もいるんだよ」

電信柱の突き出た家——それはいくつもの荒波を越えてきた長旅の結晶である。ピンクの毛糸の帽子をかぶった女水戸黄門は、電信柱の御紋をあしらった居城へと、しっかりとした足取りで帰っていった。

文庫版あとがき

本書が単行本として刊行されたのは二〇一一年五月、東日本大震災から約二カ月後のことだった。当時九十七歳のミドリさんは、自分の顔が表紙になったこの本を丹念に読み込んだ上で、こう力強く評してくれた。

「その通りのことが書いてある」

今回文庫化にあたって、刊行がもし一カ月でも早ければ、このあとがきはミドリさんのその後を紹介する内容になっただろう。晴れて文庫化が決定し、さあ制作に取り掛かろうというまさにその時、電信柱の突き出たこのお屋敷の取り壊しが決まった。

百一歳のミドリさんは老人ホームに入居し、建物の管理が行き届かなくなっていた。その結果、急激に老いたのは、家を離れたミドリさんではなく、むしろミドリさんがいなくなった建物のほうだった。

単行本の際は住人たちのプライバシーもあって載せられなかった間取り図を、今回は本当にぎりぎりのタイミングで載せることになった。荷物を運び出す直前に見つけ出した新たな写真も数点加わった。

無人と化したお屋敷を、一階から二階までくまなく見てまわった。それこそ押し入れの中から天井裏まで、住人に気兼ねなく見学できるのははじめての経験だった。

例えば今回、押し入れの中にさらに小さな木の引き戸を見つけたので、「なんだろう？」と開いてみると、戸の奥は窓の外の戸袋につながっていた。押し入れの中に手を突っ込んで、その先の戸袋から木戸を引き出せるように設計されているのだった。この家は何度訪れても、毎回新たな発見と驚きをもたらしてくれる。

しかしこの日、何より意表を突かれたのは、からくりではなく、ミドリさんに関する事柄だった。今日でこの家を訪れるのは最後だという武縄《たけなわ》慶子さん（ミドリさんのご親戚）が、探したい物があるという。

「おばあちゃんに着せてあげたくて。真っ白なドレスで、大きな赤い花が付いてて……」

「あっ、その服知ってる！」

すぐに、いつの日か仏間の壁に掛けてあった記憶の中のワンピースと特徴が一致した。それは真っ白な布地に、牡丹《ぼたん》のような真っ赤な花が胸の辺りに大きく二つ描かれた、シンプルながらもセンスの光るモダンなワンピースだった。

「わ〜、素敵！」ミドリさんの数ある手作りワンピースの中でも卓越したお洒落《しゃれ》さにすっかり心を奪われてしまった私は、居間に戻るなり「着ないのなら欲しい」と真面目に交渉して、ミドリさんにはぐらかされたのだった。その理由を、こんな時に知ることになろうとは……。

私が貰《もら》い損ねたあのワンピースは、ミドリさんが最期の旅立ちの際に着るために、電柱部屋でこつこつと作った死に装束だったのだ。

本が出るのが先か、建物がなくなるのが先か、奇《く》しくも本の制作と解体に向けた作業が同時進行する状況下、このあとがきを書いている。明日から解体工事に先駆けて、業者が近隣の家へのあいさつ回りを開始する。

この本が刷り上がる頃、ちょうど十六年前に私とミドリさんを引き合わせてくれた電柱屋敷は、湘南の住宅街からひっそりと姿を消しているだろう。

平成二十七年（二〇一五年）三月末日

1階

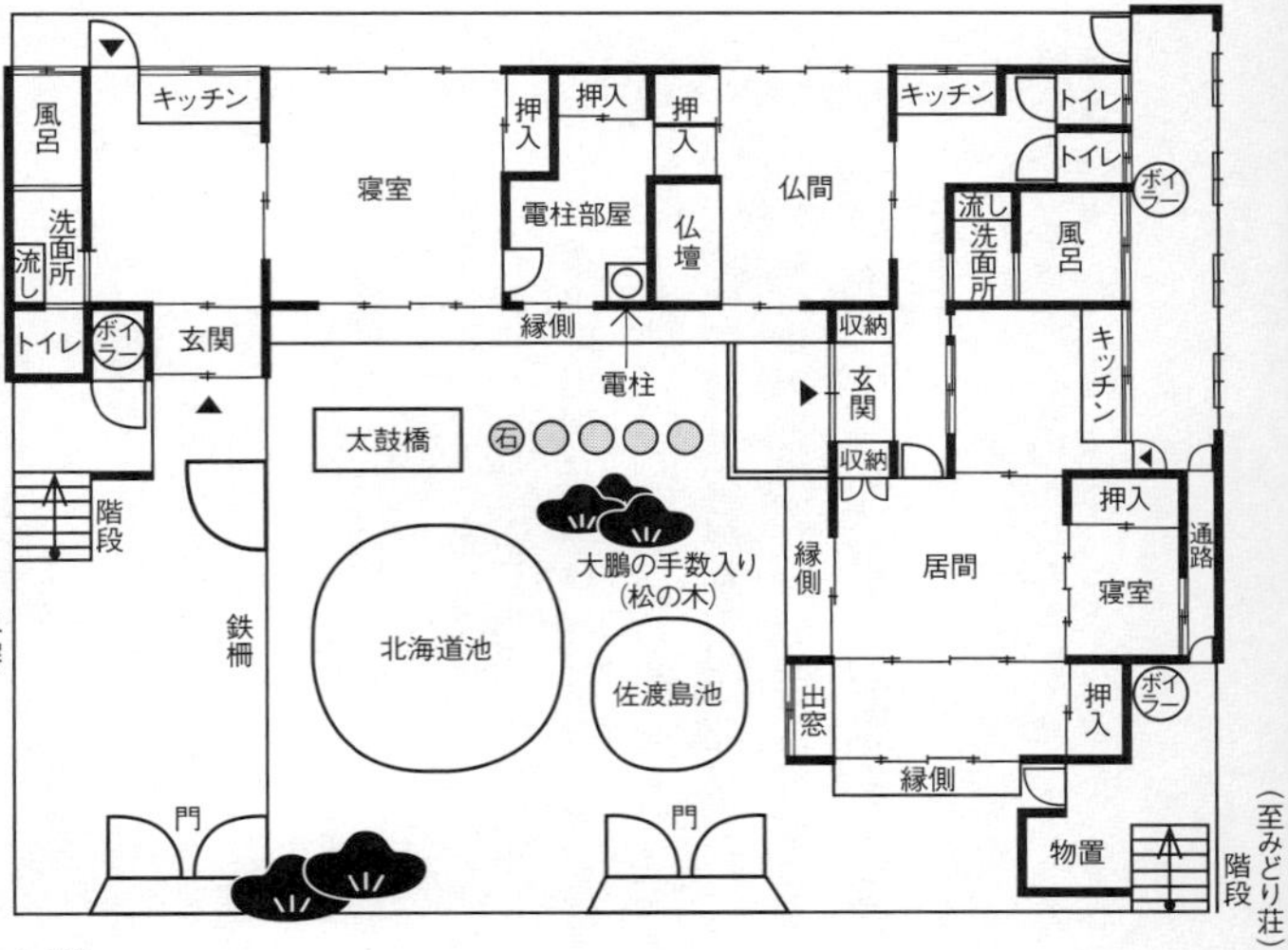
風呂
キッチン
寝室
押入
押入
押入
仏間
キッチン
トイレ
トイレ
洗面所
流し
電柱部屋
仏壇
ボイラー
流し
洗面所
風呂
トイレ
ボイラー
玄関
縁側
収納
電柱
玄関
キッチン
太鼓橋
石
収納
階段
押入
大鵬の手数入り
(松の木)
縁側
居間
通路
寝室
外塀
鉄柵
北海道池
佐渡島池
出窓
押入
ボイラー
縁側
門
門
物置
階段
(至みどり荘)

2階

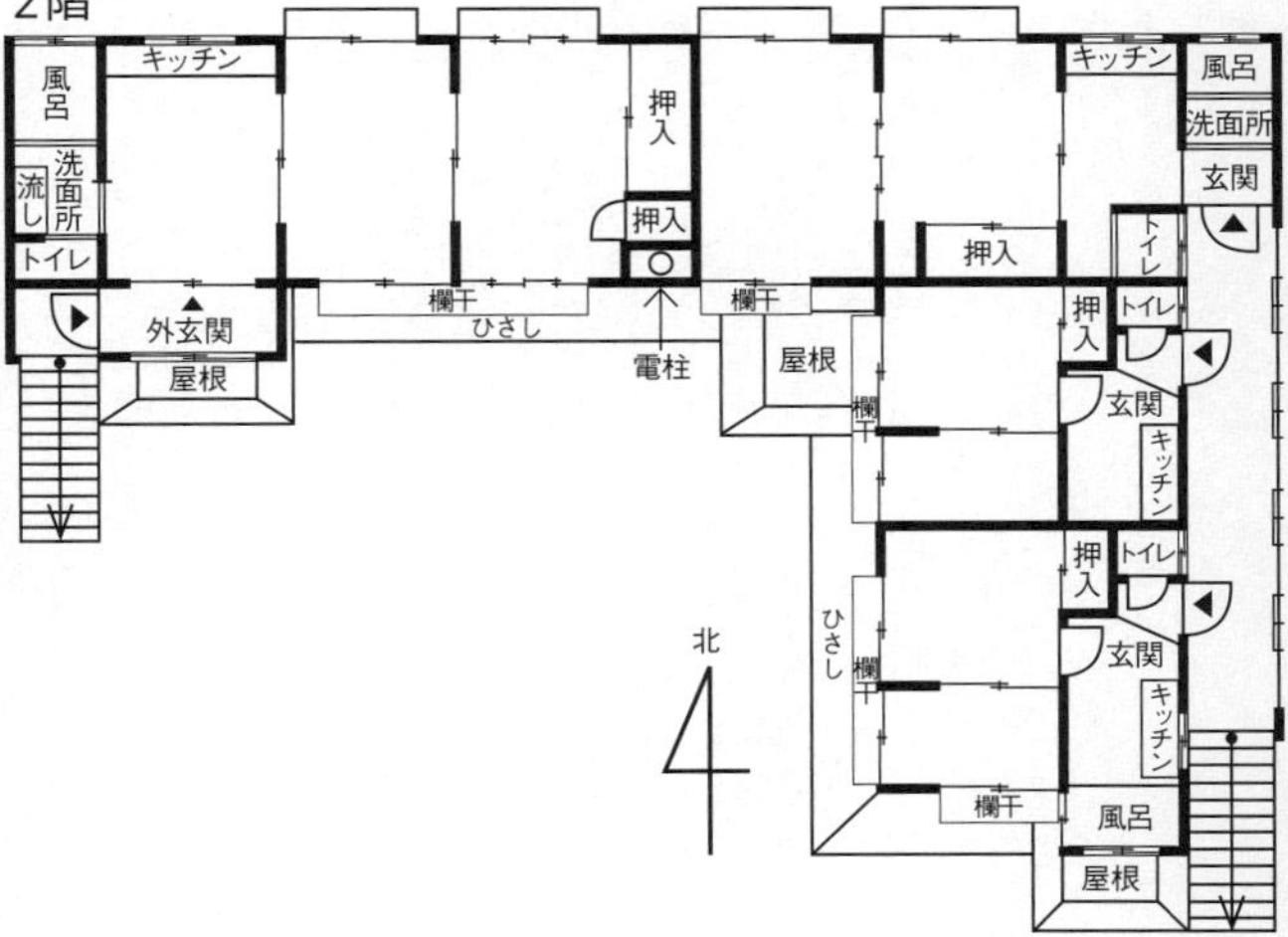
風呂
キッチン
押入
キッチン
風呂
洗面所
流し
洗面所
玄関
押入
トイレ
押入
押入
トイレ
欄干
欄干
押入
トイレ
外玄関
ひさし
電柱
屋根
屋根
玄関
欄干
キッチン
押入
トイレ
ひさし
北
欄
干
玄関
キッチン
欄干
風呂
屋根

主要参考・引用文献

江別市総務部『新江別市史』江別市
豊平町史編さん委員会『豊平町史』豊平町
長岡市『長岡市史　通史編　下巻』長岡市
野幌部落会『野幌部落史』北日本社
見附市史編集委員会『見附市史　下巻（一）』見附市
「角川日本地名大辞典」編纂委員会『角川日本地名大辞典15　新潟県』角川書店

解　説

宮田珠己

『ミドリさんとカラクリ屋敷』の単行本が店頭に並んだときのことは今でも覚えている。そのとき私のとった行動は、タイトルと表紙のおばあさんの写真以外は何ひとつ確認せず、即座に手に取って、レジへ向かうことだった。中身もほとんど見なかった。いわゆるジャケ買いというやつだ。

それほどにこのタイトルと写真は私の琴線に触れた。

なぜなら、私は子供のころから忍者屋敷に住みたいと強く思っていたからだ。秘密の扉があったり、隠し部屋があったり、カラクリ満載の家。そんな家に住んで毎日かくれんぼしながら暮らしたいと夢見ていたし、おっさんになった今でも依然そう思っている。

それだけではない。たぶんミドリさんであろう表紙のおばあさんの表情と、カラクリ屋敷という言葉がとっさに結びつかないところも、この本は面白かった。こんなおばあさんが、忍者のように屋敷の中を縦横無尽に駆け巡っているのだろうか。

いったいこれはどういう本なのか。ミドリさんとはいったい何者か。

そして、カラクリ屋敷はどんな建物なのだろうか。

私はもう好奇心の塊となって、すぐさま読み始めたのだった。


この本はまだ高校生だった著者の鈴木遥さんが、自転車で走っている途中に屋根から電信柱の突き出した奇妙な家を発見するところから始まる。気になって何度か見に行くうちに、とうとう我慢できなくなって、鈴木さんは話を聞きに門をくぐる。そこで出会ったのが、家主のミドリさんという九十一歳のおばあさんだった。

そこから話はミドリさんの生い立ちをめぐって一気に北海道の開拓村へ飛び、思わぬ奥行きをもって展開していくのだが、最初に読んだとき、私はそんなことよりまずは建物にどんなカラクリがあるのか見せてほしいと思った。先をめくって図面を探したりしたものの、単行本には図面が載っておらず、そのことに少々いらだった。建物の本なのだから図面を載せるべきではないか、そう思ったのである。

しかし、図面がない理由は読んでいくうちに明らかになった。

この建物は本物のカラクリ屋敷だったのだ。

本物のカラクリ屋敷とそうでないものとの違いは何か。それはそのカラクリを遊びや見世物としてではなく実際に使う可能性があるかどうか、ということだろう。ミドリさんのカラクリ屋敷は、逃げるためのカラクリが随所に仕掛けられており、それはいざというとき本当に使用するために準備されている。

であるなら、図面を公開することは当然できない。

〈「誰かに追われて、押されて押されて来たら、どこに逃げる?」

ミドリさんは、神妙な面持ちで問いかけてきた。

「……外に逃げる」。真面目に答えを返すとしたら、この一言以外に考えられない。

「どうやって外に逃げる?」

「裏口から」

「表も裏も全部ふさがれるかもしれない。そうしたら?」〉

本文中に出てくるこの会話からもミドリさんの真剣さが伝わってくる。

しかし冷静に考えてみると、このやりとり、真に迫った会話のようでもあるが、同時になんだか変である。「誰かに追われて」って、いったい誰に追われているのか。なぜそんなアクション映画みたいな事態を想定しているのだろう。

「武士は家の内部に逃げ道をつくることで自分の身を守ってきた」「逃げ道はたくさんつくっておくに越したことはない」

ミドリさんはそう語るのだが、現代人は武士ではないし、「追われる」とか「身を守る」とか果たして本気の発言なのか、それとも半分ぐらい遊び心で言っているのか、読みながらも真意をはかりかねた。煙に巻かれたような気持ちと言ったらいいだろうか。

著者がミドリさんの生い立ちを掘り下げたくなる気持ちもわかるというものだ。

実際、取材によって明らかになっていくミドリさんの一族の歴史、そしてミドリさん自身の経歴や人となりは、かなりユニークである。ユーモラスなエピソードが満載で、朝の連続テレビ小説の主人公に据えてもいいんじゃないかと思うほどだ。

そして何より面白いのは、幼少時に住んでいた家にもカラクリがあったこと。掛け軸のかかった壁が回転扉になっていた。奥には隠し廊下があって厩《うまや》に通じている。さらに天井の三か所にも隠し扉があり、梯子《はしご》を伝って屋根裏へ行けた。

やがてその家は建て替えられるが、新しい家にはさらなるカラクリが……。

まるで遺伝子に組み込まれているかのごとくカラクリ屋敷を作ってしまう家系。いったいこの一族は何と戦っているのだろう。

鈴木さんの北海道から新潟を巡る執拗《しつよう》とも言える取材は、まさしくその疑問を解きたいがための行動だったにちがいない。

そうしてミドリさんのおかしみに満ちた生い立ちを語りつくした後で、鈴木さんはいよいよカラクリ屋敷自体の秘密に迫っていく。

幾多のカラクリと凝りに凝った意匠、そして最後に明かされる「電信柱の突き抜けた部屋」の謎。究極の秘密が明かされたあとに、予想外の事件が起こり……。

最後の最後まで読む手が止まらなかった。たった一つの建物にこれほど豊かな物語が秘められていたとは。

　面白い！

　読み終えて私は、著者である鈴木遥さんのノンフィクション作家としての才能を確信し、それと同時に、迷わずこの本を購入した自分の慧眼《けいがん》も祝福したのであった。

　ちなみに、この文庫版では、カラクリ屋敷の図面が掲載されている。

　本物のカラクリは決して明かすことができないはずだが、これが掲載されているとは、どういうことか。

　それはつまり、単行本が文庫になるまでの間に状況が変化したということだ。

　カラクリ屋敷は取り壊されることになった。

　この本を読んですっかり好きになったミドリさんのカラクリ屋敷がなくなるのは、読者としてとても残念である。私は編集者を通じて鈴木さんに連絡をとらせてもらい、取り壊される前のカラクリ屋敷の案内をお願いした。取り壊される前に、どうしてもカラクリ屋敷が見てみたかったのだ。一方的な願いであったにもかかわらず、鈴木さんは快く応じてくれた。

　すでに建具など大事なものは持ち出され、現在は廃屋になっているとのことだったが、平塚の現場に行ってみると、電信柱の突き出た外観はそのまま残っていた。それほど目立つ電信柱ではなく、これに気付いた鈴木さんのセンスにまず感心する。

一方、建物自体には濃い気配が漂っていた。なんというか、細かい造作がギュッと詰まった感じ。おそらく人が住んでいればもっと濃厚な雰囲気だったにちがいない。中に足を踏み入れると、古い昭和の匂いがそこここに感じ取れるようだった。部屋はどれもあまり広くなく、仕切りや収納が多い。

風呂場には、本書でも触れられている通りの富士山の壁画が残っていて、今もピカピカと不思議な個性を放っていた。水滴が滴ってこないようアーチ状になっている風呂の天井や、まるで雪国の家のような玄関前の前室、ひとつひとつ違う建具細工など、あらゆる場所に工夫がある。廃屋であっても、家主の信念のようなものが、いまだあちこちに宿っているのがわかる。

鈴木さんが、以前はここに壁のように見える戸があって奥の部屋が隠されていたとか、この扉の前に箱が置かれて扉だとわからないようになっていたなどといろいろ説明してくれた。勝手口へ通じる秘密の扉、押し入れの中の隠し通路、そして最大の謎である「電信柱の突き抜けた部屋」も見せてもらった。

本文には出てこないが、明かりとりの窓の前に大きな棚が突き出しているのを指して、ひょっとするとこの棚に上って窓から脱出することを想定していたのではないかと鈴木さんは推測し、さらにトイレの天井を押し上げて本文にも出てくる「半二階」、一階と二階の間にある空間も見つけた。

とにかくそこらじゅうに信念がある。

こういう家を作るのだという強い信念が。

私自身はミドリさんに会ったこともないが、この家を見、また本書を読み終えて何より感じるのは、強い思いがあれば人生は面白くなるという事実だ。それはミドリさんだけでなく、気になる家を見つけたらピンポンを押してみるという、鈴木さんの度胸と行動力も含めてのことである。


最後に鈴木さんに、次作について尋ねてみた。

この解説を書いている現時点では、鈴木さんの著作はまだこの一冊しかない。もっと読みたい。

すると、うれしいことに、すでに第二作の出版が決まっているとのこと。次もまた奇抜な建物に関するものになるという。なんでも木造三階建てで、そこにもひとり暮らしのおばあさんが住んでいるとか。

そんな不思議な建物をどうやって見つけてくるんですか、と思わず尋ねると、今回のカラクリ屋敷同様、歩いていて見つけたとの答え。気になったのでピンポーンと呼び鈴を押し、家主と知り合い、その後十年にわたって取材にのめりこんだ、ってまたか！

その気ままで地道なスタイルが、まさに鈴木スタイル。きっと本書同様楽しい作品に違いない。そして同時に、傑作であろうことも想像に難くない。

（みやた・たまき　ノンフィクション作家）

本文写真　亀井重郎、鈴木遥
本文デザイン　鈴木成一デザイン室
SPECIAL THANKS TO　木村ミドリ
本書は二〇一一年五月、集英社より刊行されました。

集英社文庫

ミドリさんとカラクリ屋敷《やしき》

2015年 5 月25日 第 1 刷 定価はカバーに表示してあります。

著 者 鈴木《すずき》 遥《はるか》
発行者 加藤 潤
発行所 株式会社 集英社
東京都千代田区一ツ橋2-5-10 〒101-8050
電話 【編集部】03-3230-6095
【読者係】03-3230-6080
【販売部】03-3230-6393(書店専用)

本文組版 株式会社ビーワークス
印 刷 大日本印刷株式会社
製 本 大日本印刷株式会社

フォーマットデザイン アリヤマデザインストア マークデザイン 居山浩二

ISBN978-4-08-745320-1 C0195